蔡数道 지음

경북대학교출판부

蔡数道
경북대학교 일어일문학과 졸업
일본 중앙대학교 법학부 정치학과 석사·박사과정 졸업(정치학 박사)
일본 중앙대학교 사회과학연구소 객원연구원
현 경북대학교 일어일문학과 조교수

중급 일본어

초판1쇄 2008년 8월 27일 | **초판2쇄** 2011년 8월 29일
지은이 채수도 | **펴낸이** 함인석 | **펴낸곳** 경북대학교출판부
출판등록 1973년 10월 10일 ㉣97호 | **주소** 대구광역시 북구 대학로 80번지
전화 053-950-6741~3 | **팩스** 053-953-4692 | **E-mail** press@knu.ac.kr
Homepage http://knupress.com

정가 9,800원
ISBN 978-89-7180-234-2 93730

※파본은 바꾸어 드립니다.

머 리 말

21세기 세계화 시대를 맞이하여 일본문화 개방과 이해를 돕기 위해서 이 책을 출간하게 되었습니다. 또한 새로운 한일관계 정립과 함께 일본어를 배우고자 하는 일본어 학습자를 위해서도 좋은 길잡이가 되리라 믿고, 이렇게 새롭게 선보이게 되었습니다.

무엇보다도 다년간 교양 일본어 강의를 통해서 확인할 수 있었던 미비점과 보완점을 검토해 오던 중 중급 일본어 학습에 알맞은 교재를 학생 여러분에게 선보일 수 있어서 많은 성취감과 자부심을 느끼고 있습니다.

본 교재는 종래의 교수자 중심의 일방적인 수업방법에서 탈피하여 학습자와 함께할 수 있는 교재로서 높은 학업성취도를 기대할 수 있다고 사료됩니다. 물론 본 교재의 효용은 그만큼 학생의 부단한 노력과 선생의 정성어린 지도가 함께함으로써 가치를 발할 수 있으리라 봅니다.

본 교재는 한 학기 수업일수에 알맞은 분량으로 구성하고자 하는 취지로 기획되었으므로 빈도수가 많은 실용적인 표현과 문법을 엄선하여 편찬하였습니다. 특히 단어와 문법, 그리고 기본적으로 학습해야 할 문형을 여러 가지 예문을 통해 이해할 수 있도록 체계적인 지도요령을 선보이고 있다고 봅니다.

물론 일본어를 완전하게 정복한다는 것은 생각보다 쉽지 않습니다. 그것은 얼마나 많은 시간과 노력을 투자하느냐에 달려 있으며, 무엇보다도 본인의 의지가 중요합니다. 아무쪼록 이 교재가 학습자 여러분들의 실력향상에 크게 도움이 되기를 바랍니다. 그리고 이 교재가 완성되기까지 함께 작업한 저의 아내와 교정을 도와준 오수문, 김은정, 조헌구 세 분에게 감사를 표하고자 합니다. 그리고 경북대학교출판부 김용훈, 이재현 선생님을 비롯하여 관계자 여러분에게도 감사의 마음을 드리고 싶습니다.

2008년 7월

蔡 数 道

目次

Part 1

初級で学んだ動詞の活用表 / 文型

ハングルのカタカナ表記

電子辞書やパソコンでの日本語入力

各課で習う単語

初級で学んだ動詞の活用表

	ます形	て形	ない形	辞書形	た形	可能形
第 I グループ	行きます	行って	行かない	行く	行った	行けます
	書きます	書いて	書かない	書く	書いた	書けます
	泳ぎます	泳いで	泳がない	泳ぐ	泳いだ	泳げます
	飲みます	飲んで	飲まない	飲む	飲んだ	飲めます
	遊びます	遊んで	遊ばない	遊ぶ	遊んだ	遊べます
	帰ります	帰って	帰らない	帰る	帰った	帰れます
	持ちます	持って	持たない	持つ	持った	持てます
	使います	使って	使わない	使う	使った	使えます
	話します	話して	話さない	話す	話した	話せます
第 II グループ	食べます	食べて	食べない	食べる	食べた	食べられる
	見ます	見て	見ない	見る	見た	見られる
第 III グループ	します	して	しない	する	した	できる
	来ます	きて	こない	くる	きた	こられる

初級で学んだ文型

• ~から~まで	月曜日から金曜日まで勉強します。
• ~へ(に)	東京へ(に)行きます。
• ~で	学校までバスで行きます。
	日本語は高校で習いました。
	ボールペンで書きます。
• ~くて / ~で	あの花は赤くて小さいです。/ あの公園は静かで広いです。
• ~が、~	外は寒いですが、部屋の中はあたたかいです。
• ~に~があります / います	机の上に本があります。/教室に先生がいます。
• ~と~があります / います	かばんの中にハンカチとティッシュがあります。
	ここに金さんと李さんがいます。
• ~や~や~などがあります	部屋に鏡や時計やいすなどがあります。
• ~は~より~です	今日は昨日より寒いです。
• ~と~とどちらが~	夏と冬とどちらが好きですか。
• ~が一番~	スポーツの中で何が一番好きですか。
• ~がほしいです	新しいくつがほしいです。
• ~たいです	お茶よりコーヒーが飲みたいです。
• ~ませんか	ここで少し休みませんか。
• ~ましょうか	あそこで写真を撮りましょうか。

• ~ましょう	一緒に図書館で勉強しましょう。
• ~へ~に~	空港へ友達をむかえに行きます。
• ~く / ~になります	去年より背が高くなりました。
	スーパーができて、便利になりました。
• ~と思います	明日は晴れると思います。
• ~と言いました	先生が「遅刻しないでください」と言いました。
• ~てください	この紙に地図を書いてください。
• ~ています	弟は今、本を読んでいます。
• ~てもいいですか	隣に座ってもいいですか。
• ~ては　いけません	ここでたばこを吸ってはいけません。
• ~てから、~	食事をしてから、コーヒーを飲みましょう。
• ~て、~	コンビニへ行って、卵とパンを買って、帰ります。
• ~てくださいませんか	この問題を教えてくださいませんか。
• ~ないで　ください	冷蔵庫を開けないでください。
• ~なくてもいいです	辞書は持ってこなくてもいいです。
• ~なければなりません	あしたは五時に起きなければなりません。
• ~ができます	車の運転ができます。
• ~ことができます	中国語を話すことができます。
• 可能形	日本語で手紙が書けます。
• ~ことです	趣味は山に登ることです。
• ~ことは~です	友達と話すことは楽しいです。

- ~ことが~です　私は運動をすることが好きです。
- ~ことをどう思いますか　物価が上がることをどう思いますか。

- ~たことがあります　テストで100点を取ったことがあります。
- ~た方がいいです　たばこはやめた方がいいです。
- ~たあとで　試験が終わったあとで遊びに行きます。
- ~前に　学校へ行く前に、掃除をします。
- ~たら　晴れたら出かけます。
- ~ても　晴れてもかさを持って行きます。
- いくら~ても　いくら呼んでも来ません。

- ~でしょう　明日は晴れるでしょう。
  あなたも行くでしょう？

- ~かもしれません　あの人は独身かもしれません。

- ~時、　小学生の時、海に行きました。

- ~と　右に曲がると郵便局があります。

- 連帯修飾　昨日読んだ本
  明日読む本
  ベストセラーの本
  厚い本
  有名な本

- **~をあげる / もらう / くれる** 誕生日に花をもらました。
- **~てあげる / もらう / くれる** 友達は辞書を貸してくれました。

- **尊敬語** 社長はコーヒーを召し上がりました。

ハングル(한글)のカタカナ表記

	ㅏ	ㅑ	ㅓ ㅗ	ㅕ ㅛ	ㅜ ㅡ	ㅠ	ㅣ	ㅐ.ㅔ ㅒ.ㅖ	ㅟ ㅢ	ㅘ	ㅝ	ㅙ.ㅞ ㅚ
ㄱ	カ ガ	キャ ギャ	コ ゴ	キョ ギョ	ク グ	キュ ギュ	キ ギ	ケ ゲ	クィ グィ	クヮ グヮ	クォ グォ	クェ グェ
ㄲ ㅋ	カ	キャ	コ	キョ	ク	キュ	キ	ケ	クィ	クヮ	クォ	クェ
ㄴ	ナ	ニャ	ノ	ニョ	ヌ	ニュ	ニ	ネ	ヌィ	ヌヮ	ヌォ	ヌェ
ㄷ	タ ダ	テャ デャ	ト ド	テョ デョ	トゥ ドゥ	テュ デュ	ティ ディ	テ デ	ティ ディ	トヮ ドヮ	ドゥオ	ドゥエ
ㄸ ㅌ	タ	テャ	ト	テョ	トゥ	テュ	ティ	テ	ティ	トヮ	トゥオ	トゥエ
ㄹ	ラ	リャ	ロ	リョ	ル	リュ	リ	レ	ルィ	ルヮ	ルォ	ルェ
ㅁ	マ	ミャ	モ	ミョ	ム	ミュ	ミ	メ	ムィ	ムヮ	ムォ	ムェ
ㅂ	パ バ	ピャ ビャ	ポ ボ	ピョ ビョ	プ ブ	ピュ ビュ	ピ ビ	ペ ベ	プィ ブィ	プヮ ブヮ	プォ ブォ	プェ ブェ
ㅃ ㅍ	パ	ピャ	ポ	ピョ	プ	ピュ	ピ	ペ	プィ	プヮ	プォ	プェ
ㅅ ㅆ	サ	シャ	ソ	ショ	ス	シュ	シ	セ	スィ	シャ	スォ	スェ
ㅇ	ア	ヤ	オ	ヨ	ウ	ユ	イ	エ	ウィ	ワ	ウォ	ウェ
ㅈ	チャ ヂャ	チャ ヂャ	チョ ヂョ	チョ ヂョ	チュ ヂュ	チュ ヂュ	チ ヂ	チェ ヂェ	チュイ ヂュィ	チャ ヂャ	チォ ヂォ	チェ ヂェ
ㅉ ㅊ	チャ	チャ	チョ	チョ	チュ	チュ	チ	チェ	チュイ	チャ	チォ	チェ
ㅎ	ハ	ヒャ	ホ	ヒョ	フ	ヒュ	ヒ	ヘ	フィ	フヮ	フォ	フェ

電子辞書やパソコンでの日本語入力(ローマ字入力)

あ	か	さ	た	な	は	ま	や	ら	わ	ん
a	ka	sa	ta	na	ha	ma	ya	ra	wa	nn
い	き	し	ち	に	ひ	み		り		
i	ki	si/shi	ti/chi	ni	hi	mi		ri		
う	く	す	つ	ぬ	ふ	む	ゆ	る		
u	ku	su	tu/tsu	nu	hu/fu	mu	yu	ru		
え	け	せ	て	ね	へ	め		れ		
e	ke	se	te	ne	he	me		re		
お	こ	そ	と	の	ほ	も	よ	ろ	を	
o	ko	so	to	no	ho	mo	yo	ro	wo	

が	ぎ	ぐ	げ	ご		ざ	じ	ず	ぜ	ぞ
ga	gi	gu	ge	go		za	zi/ji	zu	ze	zo
だ	ぢ	づ	で	ど		ば	び	ぶ	べ	ぼ
da	di	du	de	do		ba	bi	bu	be	bo
ぱ	ぴ	ぷ	ぺ	ぽ						
pa	pi	pu	pe	po						

きゃ	きゅ	きょ		ぎゃ	ぎゅ	ぎょ
kya	kyu	kyo		gya	gyu	gyo
しゃ	しゅ	しょ		じゃ	じゅ	じょ
sya/sha	syu/shu	syo/sho		ja/zya	ju/zyu	jo/zyo
ちゃ	ちゅ	ちょ		ぢゃ	ぢゅ	ぢょ
cha/tya	chu/tyu	cho/tyo		ja/zya	ju/zyu	jo/zyo
にゃ	にゅ	にょ		ひゃ	ひゅ	ひょ
nya	nyu	nyo		hya	hyu	hyo
びゃ	びゅ	びょ		ぴゃ	ぴゅ	ぴょ
bya	byu	byo		pya	pyu	pyo
みゃ	みゅ	みょ		りゃ	りゅ	りょ
mya	myu	myo		rya	ryu	ryo

促音「っ」の場合は、「っ」の後の字を２度打つ。

切符 ➡ kippu　　学校に行ってくる ➡ gakkouniittekuru

特別文字

シェ	ジェ	チェ	ティ	ディ				
she/sye	je	che/tye	thi	dhi				
ファ	フィ	フェ	フォ	ヴァ	ヴィ	ヴ	ヴェ	ヴォ
fa	fi	fe	fo	va	vi	vu	ve	vo

ティーカップ(teacup) ➡ thi-cappu　　ファイト(fight) ➡ faito

小さい「ァ・ィ・ゥ・ェ・ォ」の場合は、「a・i・u・e・o」の前に「l」または「x」を打つ。

各課で習う単語

第一課

顔色(かおいろ)が悪(わる)い
ストレス(stress)がたまる / を解消(かいしょう)する
汗(あせ)をかく
さっそく
仮定形(かていけい)
すそ
老人(ろうじん)
無料(むりょう)
物価(ぶっか)
暇(ひま)
具合(ぐあ)いがいい / 悪い
費用(ひよう)
慣(な)れる
ジム(gym)
上級(じょうきゅう)
インスタント(instant)
コート(coat)
入場料(にゅうじょうりょう)
あせる
カード(card)
都合(つごう)がいい / 悪い
修理(しゅうり)

第二課

連休(れんきゅう)
伊豆〈いず〉
就職(しゅうしょく)
ボランティア(volunteer)
企業(きぎょう)
結局(けっきょく)
タレント(talent)
選(えら)ぶ
実家(じっか)
ディズニーランド(Disney land)
温泉(おんせん)
老人ホーム(home)
意向形(いこうけい)
絶対(ぜったい)
頼(たの)む
相談(そうだん)
能力試験(のうりょくしけん)

第三課

大丈夫(だいじょうぶ)
部屋(へや)

掃除(そうじ)
勘違(かんちが)い
うそをつく
交差点(こうさてん)
厳守(げんしゅ)
命令形(めいれいけい)
応援(おうえん)
最近(さいきん)
若(わか)い
遅(おく)れる
依頼(いらい)
指示(しじ)
激励(げきれい)
禁酒(きんしゅ)
立(た)ち入(い)り禁止(きんし)
コピー(copy)
僕(ぼく)
バイク(bike)
一生懸命(いっしょうけんめい) = 一所懸命(いっしょけんめい)
危(あぶ)ない
全品(ぜんぴん)
割引(わりびき)
要(い)らない

第四課

メニュー(menu)
豊富(ほうふ)
お腹(なか)
落(お)ち着(つ)かない
清潔(せいけつ)
感(かん)じがいい / 悪い
気(き)に入(い)る
浴衣(ゆかた)
呉服屋(ごふくや)
就職(しゅうしょく)
卒論(そつろん) = 卒業論文(そつぎょうろんぶん)
進学(しんがく)
万能(ばんのう)
疑問詞(ぎもんし)
不審(ふしん)
驚(おどろ)き
関心(かんしん)
勧誘(かんゆう)
許可(きょか)
省略(しょうりゃく)
ひも
はさみ
同時(どうじ)
断続性(だんぞくせい)
動作性(どうさせい)
口笛(くちぶえ)
吹(ふ)く
反意語(はんいご)
ペア(pair)
肯定(こうてい)
否定(ひてい)
人前(ひとまえ)
音痴(おんち)
雑誌(ざっし)
携帯(けいたい)
レシピ(recipe)
走(はし)る

博物館(はくぶつかん)　　連休(れんきゅう)
ガス(gas)　　胃(い)

第五課

プール(pool)　　水着(みずぎ)
集合(しゅうごう)　　うらやましい
かなづち　　壊(こわ)れる
メール(mail)　　主観的(しゅかんてき)
因果関係(いんがかんけい)　　辛(から)い
感情(かんじょう)　　感動(かんどう)
停電(ていでん)　　入院(にゅういん)
コンタクト(レンズ)(contact lens)　　酔(よ)っぱらう
ジェットコースター(jet coaster)=(roller coaster)
貧血(ひんけつ)　　倒(たお)れる
農家(のうか)　　被害(ひがい)
着陸(ちゃくりく)　　霧(きり)
エレベーター(elevator)　　ボリューム(volume)
本棚(ほんだな)　　位置(いち)
レジャー(leisure)　　施設(しせつ)
観光客(かんこうきゃく)　　一輪車(いちりんしゃ)
サイズ(size)

第六課

大切(たいせつ)　　翻訳(ほんやく)
小説(しょうせつ)　　幅広(はばひろ)い
年齢層(ねんれいそう)　　落書(らくが)き
仕方(しかた)ない　　受身形(うけみけい)
他動詞(たどうし)　　自動詞(じどうし)
叱(しか)る　　夜中(よなか)
寝不足(ねぶそく)　　過労(かろう)
収入(しゅうにゅう)　　創刊(そうかん)
明治時代(めいじじだい)
発展(はってん)　　発生(はっせい)

成長(せいちょう)
緊張(きんちょう)
関連(かんれん)
感染(かんせん)
挫折(ざせつ)
振(ふ)る
逃(に)げる
ストーカー(stalker)
レッカー(wrecker)車(しゃ)
輸入(ゆにゅう)
汚(よご)す

感動(かんどう)
安定(あんてい)
普及(ふきゅう)
矛盾(むじゅん)
関係(かんけい)
釣(つ)る
くやしい
つきまとう
建物(たてもの)
タワー(tower)
汚(きたな)い

第七課

宝(たから)くじ
当選発表(とうせんはっぴょう)
一等(いっとう)
万(まん)が一(いち)
独身(どくしん)
推量(すいりょう)
同意(どうい)
区別(くべつ)
回答(かいとう)
合(ごう)コン = 合同(ごうどう)コンパ(company)

当(あ)たる
末頃(すえごろ)
ずうずうしい
似合(にあ)う
興味(きょうみ)
確認(かくにん)
大統領(だいとうりょう)
賛成(さんせい)

第八課

ストーブ(stove)
ついでに
作用(さよう)
状態(じょうたい)
意図(いと)
テーブル(table)
パソコン(personal computer)
扇風機(せんぷうき)

下宿(げしゅく)
動作(どうさ)
結果(けっか)
冷房(れいぼう)
目的(もくてき)
名札(なふだ)
カット(cut)
ボタン(button)

拾(ひろ)う
床(ゆか)
ハンガー(hanger)
ポスター(poster)
酔(よ)い止(ど)め
空席(くうせき)
ロボット(robot)
ネット(Inter net)
プリンター(printer)
拭(ふ)く
壁(かべ)
背広(せびろ)
休講(きゅうこう)
航空(こうくう)
募集(ぼしゅう)

第九課

書類(しょるい)
けっこう
願書(がんしょ)
厳(きび)しい
奨学金制度(しょうがくきんせいど)
真剣(しんけん)
バイク(bike)
鳴(な)く
聴覚(ちょうかく)
クレジットカード(credit card)
渋滞(じゅうたい)
チェック(check)
そろえる
君(きみ)
物価(ぶっか)
充実(じゅうじつ)
一番先(いちばんさき)
小鳥(ことり)
視覚(しかく)
知覚(ちかく)
キッチン(kitchen)ばさみ
ショートカット(short cut)
メルアド＝メールアドレス(mail address)
ほえる
踊(おど)る
ノートブック(notebook)
雷(かみなり)
電卓(でんたく)
エコバッグ(eco bag)

第十課

怪我(けが)
転(ころ)ぶ
かなり
伝聞(でんぶん)
捕(つか)まる
五感(ごかん)
すべる
ひどい
曇(くも)る
犯人(はんにん)
パイロット(pilot)
感触(かんしょく)

婉曲(えんきょく)
地面(じめん)
様態(ようたい)
オリンピック(olympics)
真(ま)っ赤(か)
臭(くさ)い
軍隊(ぐんたい)
花粉症(かふんしょう)
植物(しょくぶつ)
スーツケース(suitcase)
用法(ようほう)
濡(ぬ)れる
動(うご)き出(だ)す
さしみ
口(くち)をきく
腐(くさ)る
面接(めんせつ)
ドラマ(drama)
枯(か)れる
お土産(みやげ)

第十一課

修士(しゅうし)
相談(そうだん)
たった今(いま)
直前(ちょくぜん)
弁明(べんめい)
前期(ぜんき)
アレルギー(Allergie)(独)
年中無休(ねんじゅうむきゅう)
テーマ(Thema)(独)
いらっしゃる
知(し)り合(あ)う
出前(でまえ)
断(ことわ)り
後期(こうき)
体調(たいちょう)

第十二課

うつる
面白(おもしろ)い
おもちゃ
塾(じゅく)
強制的(きょうせいてき)
上司(じょうし)
ピーマン(piment)(仏)
指輪(ゆびわ)
使役形(しえきけい)
発言(はつげん)
片付(かたづ)ける
冗談(じょうだん)
人参(にんじん)
廊下(ろうか)
カーテン(curtain)
留守番(るすばん)

Part 2

第一課

会話

李　:　川野さん、おはようございます。

川野　:　あっ、李さん、おはようございます。

どうしました、顔色が悪いですね。

李　:　ええ、慣れない外国生活でストレスがたまっています。

どうすれば、いいですか。

川野　:　そうですねぇ、スポーツをすればいいですよ。

たくさん汗をかけばストレスが解消できるでしょう。

李　:　そうですね。この近所にスポーツジムはありますか。

川野　:　ジムなら、駅の近くに行けばありますよ。

李　:　ありがとうございます。さっそく行ってみます。

基本文型

❶ 安ければ買います。高ければ買いません。

❷ 毎日お酒を飲みますか。

一緒に飲む人がいれば飲みますが、いなければ飲みません。

❸ 簡単な日本語なら理解できます。

❹ 上級になればなるほど、難しくなります。

❺ 晴れれば外出しますが、雨なら家にいます。

解説

1. 仮定形

第Ⅰグループ			第Ⅱグループ		
書きます	書けば	書かなければ			
急ぎます	急げば	急がなければ	食べます	食べれば	食べなければ
休みます	休めば	休まなければ	見ます	見れば	見なければ
遊びます	遊べば	遊ばなければ	覚えます	覚えれば	覚えなければ
入ります	入れば	入らなければ	教えます	教えれば	教えなければ
持ちます	持てば	持たなければ			
会います	会えば	会わなければ	第Ⅲグループ		
話します	話せば	話さなければ	します	すれば	しなければ
話します	話せば	話さなければ	来ます	くれば	こなければ
あります	あれば	なければ			

ゆっくり話せば理解できます。

急がなければ遅刻します。

앞에 오는 동사가 동작성 술어일 경우(行く、買う 등)는 뒤에 명령, 의지, 권유, 희망 등의 표현이 올 수 없다. 이때는 일반적으로 「~たら」를 사용한다.

スーパーへ行けばインスタントラーメンを買って来て下さい。 (×)
スーパーへ行ったらインスタントラーメンを買って来て下さい。(○)

2. 形容詞, 名詞の仮定形

- イ形容詞

長い → 長ければ → 長くなければ
重い → 重ければ → 重くなければ

ズボンが長ければ、すそを切ります。
外が寒くなければコートは必要ありません。

- ナ形容詞, 名詞

静か → 静かなら → 静かでは(じゃ)ないなら
きれい → きれいなら → きれいでは(じゃ)ないなら

嫌いなら食べなくてもいいです。
それほど便利じゃないなら買いません。

学生 → 学生なら → 学生では(じゃ)ないなら
雪 → 雪なら → 雪では(じゃ)ないなら

老人なら入場料は無料です。
小学生じゃないなら中学生ですか。

3. ~ば ~ほど~(~하면 ~할수록 ~)

あせればあせるほど、うまくできません。
夏は暑ければ暑いほどいいですか。
物価は安ければ安いほど嬉しいです。

ナ形容詞의 경우는「~なら ~なほど」로 활용함으로 注意한다.

便利ければ便利ほどいいです。(×)
便利なら便利なほどいいです。(○)

部屋はきれいならきれいなほどいいです。

MEMO

練習

例 エアコンをつけます。涼しくなります。
➡ エアコンをつければ涼しくなります。

明日雨です。出かけません。
➡ 明日雨なら出かけません。

1 たくさん書きます。はやく覚えられます。
➡

2 運動しません。病気になります。
➡

3 冬になります。雪が降ります。
➡

4 お金もカードもありません。何も買えません。
➡

5 先生が来ません。授業ができません。
➡

6 時間があります。ゆっくり本を読みたいです。
➡

7 外がうるさいです。窓を閉めてください。
➡

8 あしたの午後です。暇です。
➡

❾ 都合が悪いです。ほかの日にしましょう。

➡

❿ ひらがなです。全部書けますか。

➡

例 むずかしければ勉強しませんか。

➡ いいえ、むずかしくても勉強します。

具合いが悪くても行きますか。

➡ いいえ、具合いが悪ければ行きません。

❶ 雨が降っても参加しますか。

➡ いいえ、

❷ 時間があれば手紙を書きますか。

➡ いいえ、

❸ 高くても買いますか。

➡ いいえ、

❹ 修理すれば、また使えますか。

➡ いいえ、

❺ めがねがなくても見えますか。

➡ いいえ、

❻ 雨なら遊びに行きませんか。

➡ いいえ、

例　荷物、軽い、楽です。
➡ 荷物は軽ければ軽いほど楽です。

❶ スーパー、近い、便利です。
➡

❷ 友達、多い、楽しいです。
➡

❸ 外国語、話す、上手になります。
➡

❹ 旅行費用、安い、うれしいです。
➡

❺ 説明、簡単、いいです。
➡

正しいものを選びなさい。

❶ 大学生1,000人に(앙케이트)をとりました。
a. アンケート　b. アーンケイト　c. アンケイト

❷ 彼はこの学校で人気(넘버원)です。
a. ノンボーワン　b. ナンバーワン　c. ナンボワン

❸ 昨日、友達と(콘서트)に行ってきました。
a. コンサト　b. コンサート　c. コーンサト

❹ その(네클리스)すてきですね。
a. ネックレス　b. ネクッレス　c. ネクレッス

次の文を日本語に直しなさい。

❶ 이 야채주스를 마시면 건강해집니다.

❷ 다른 의견이 없으면 회의를 마치겠습니다.

❸ 미술관은 조용하면 조용할수록 좋습니다.

❹ 생각하면 생각할수록 모르겠습니다.

❺ 표가 없으면 입장할 수 없습니다.

第二課

会 話

朴　：　明日から３連休ですね。

高田　：　ええ。子供を連れて、ディズニーランドに行こうと思ってます。
朴さんは何をしますか。

朴　：　友達と一緒に伊豆へ行きます。
温泉に入って、ゆっくりして来るつもりです。

山本　：　二人ともいいですね。
私は、行くところもお金もありませんから、家で寝ていようと思います。

朴　：　そうですか。さびしいですね。
じゃ、おみやげを買って来ますから、楽しみに待っていて下さい。

山本　：　わぁ、ありがとうございます。

基本文型

❶ 家で一緒にビデオを見ようよ。
うん、いいね。そうしよう。

❷ 今日から毎日一万歩、歩こうと思います。

❸ 夏休みには何をしますか。
A：そうですね、就職活動をしようと思います。
B：私は老人ホームでボランティアをするつもりです。

解説

1. 意向形

第Ⅰグループ				第Ⅱグループ	
行きます	行こう	乗ります	乗ろう	見ます	見よう
書きます	書こう	撮ります	撮ろう	食べます	食べよう
泳ぎます	泳ごう	待ちます	待とう	あげます	あげよう
急ぎます	急ごう	持ちます	持とう	出かけます	出かけよう
読みます	読もう	買います	買おう	**第Ⅲグループ**	
飲みます	飲もう	言います	言おう		
遊びます	遊ぼう	話します	話そう	します	しよう
呼びます	呼ぼう	返します	返そう	来ます	こよう

2. 意向形 ＋ と思います / と思っています(~하려고 합니다)

「~ようと思います」は、自分にしか使えない。
「~ようと思っています」은 전(前)부터 결정하여 지금도 그 의향(意向)이 있는 것을 나타낸다. 제3자의 의향도 표현할 수 있다.

私は、日本の企業で働こうと思います。/ 思っています。

兄は、日本の企業で働こうと思います。　(×)
兄は、日本の企業で働こうと思っています。(○)

3. 辞書・ない形 ＋ つもりです(~할 작정입니다)

「~ようと思っています」와 대체로 같지만, 「~つもりです」 쪽이 보다 의지가 강하다. 제3자의 의향(意向)도 표현할 수 있다.

家へ帰って復習するつもりです。
彼は今日からたばこをやめるつもりです。
絶対買わないつもりでしたが、結局は買いました。

MEMO

練 習

> 例　時間がないから急ぎましょう。➡ 時間がないから急ごう。

❶ 日曜日、駅で会いましょう。

➡

❷ 明日は七時に起きましょう。

➡

❸ 日本語で会話しましょう。

➡

❹ 隣の部屋からいすを持ってきましょう。

➡

❺ だれかに頼みましょう。

➡

> 例　今年結婚します。
> ➡ 今年結婚しようと思います。

❶ タレントになります。

➡

❷ 兄に相談します。

➡

❸ ３つの中から選びます。

➡

❹ 明日は家にいます。

➡

❺ 友達にプレゼントをあげます。

➡

例 明日学校を休みますか。

➡ はい、休むつもりです。

いいえ、休まないつもりです。

❶ 日本語能力試験を受けますか。

➡ はい、

➡ いいえ、

❷ イギリスに留学しますか。

➡ はい、

➡ いいえ、

❸ 午後、どこかへ行きますか。

➡ はい、

➡ いいえ、

❹ 先生になりますか。

➡ はい、

➡ いいえ、

❺ 実家へ帰りますか。

➡ はい、

➡ いいえ、

次の文を日本語に直しなさい

❶ 덥군요. 선풍기를 켤까요?

❷ 내일 영화를 보러 갈까?

❸ 큐슈는 배로 가려고 생각하고 있습니다.

❹ 겨울방학에는 아르바이트를 하지 않을 생각입니다.

❺ 오늘부터 일기를 쓰려고 생각합니다.

❻ 돌아가서 예습과 복습을 할 생각입니다.

❼ 싸면 사려고 생각합니다.

心に残る言葉

その時の出逢いが

人生を根底から　変えることがある

よき出逢いを

– 相田 みつを(詩人・書家)

しあわせは いつも

自分の心が 決める

– 相田 みつを

第三課

会 話

兄 ： おーい、たけし、早く起きろ。

もう9時だぞ。

弟 ： うん、今起きるよ。

兄 ： 早くしろよ。遅刻するぞ。

弟 ： 今日は、授業が午後だから大丈夫だよ。

兄 ： じゃ、出かける前に部屋の掃除して行けよ。

弟 ： そうだ、今日は10時から授業だった。

勘違いしてた。

兄 ： うそつくな！

弟 ： …あっ、遅れる。行ってきます。

基本文型

❶ この交差点は危ないから気をつけろ。
❷ 父が留学しろといいました。
❸ 「時間厳守」とは、「時間を守れ」という意味です。
❹ 重いから一緒に持ってくれ。
❺ この部屋でたばこを吸わないでくれ。

解説

1. 命令形

第Ⅰグループ			第Ⅱグループ		
書く	書け	書くな	見る	見ろ	見るな
急ぐ	急げ	急ぐな	あげる	あげろ	あげるな
飲む	飲め	飲むな	教える	教えろ	教えるな
脱ぐ	脱げ	脱ぐな	第Ⅲグループ		
座る	座れ	座るな			
立つ	立て	立つな	する	しろ	するな
買う	買え	買うな	くる	こい	くるな
出す	出せ	出すな			

男性끼리, 윗사람이 아랫사람에게, 友人끼리, スポーツ의 応援 등에 사용한다.
女性は、スポーツの応援(「がんばれ」「負けるな」など) 以外에는 거의 사용하지 않지만, 最近の若い女性は、友達同士で使うことも多くなっている。

문말에 「よ」를 붙이면 命令표현을 부드럽게 한다.

勉強しろ。　　　　→　勉強しろよ。
明日は遅れるな。　→　明日は遅れるなよ。
早く来い。　　　　→　早く来いよ。

2. 命令、禁止 + と言いました(~하라(하지 말라)고 했습니다)

타인의 依頼, 指示, 激励 등을 의미하거나 내용을 요약해서 인용하고, 상대방에게 전할 때에 사용하는 표현(表現).

兄が窓を閉めろと言いました。
先生がレポートを書けと言いました。
医者が運動しろと言いました。

3. 命令、禁止 + という意味です(~하라(하지 말라)는 의미입니다)

A :「禁酒」とはどういう意味ですか。
B :「お酒を飲むな」という意味です。

立ち入り禁止とは「ここに入るな」という意味です。

4. ~てくれ / ~ないでくれ

~てください / ~ないでくださいの普通形。
아랫사람(目下)이 윗사람(目上)에게는 사용하지 않고 女性도 사용하지 않는다.

部長「これ、コピーして来てくれ」
部下「はい、わかりました」

兄「おい、ここにかばんを置かないでくれよ」
弟「うん、わかったよ」

男「僕と結婚してくれ」
女「いやです」

練習

> 例
> 食べる。 ➡ 食べろ。
> 食べない。 ➡ 食べるな。

1. この本を読む。

2. 約束を守る。

3. 道路で遊ばない。

4. ここで写真を撮らない。

5. 午後、家にくる。

6. 運転をする。

7. ろうかを走らない。

8. お金を返す。

9. 大声で話さない。

10. ここで泳がない。

> 例
> 兄は言いました(新聞を読む)
> 兄は新聞を読めと言いました。

1. 祖父は言いました。（一生懸命勉強する）

❷ 課長は言いました。（コピーを取る）

❸ 医者は言いました。（酒をやめる）

❹ 父は言いました。（バイクに乗らない）

❺ 先輩は言いました。（図書館で待つ）

（　）の中に、当てはまる言葉をa, b, c, dの中から選びなさい。

❶ 会話は(　　　)ば、話すほど上手になります。
a. はなす　b. はなし　c. はなせ　d. はなそう

❷ 今年、大学院の試験を(　　　)ようと思います。
a. うけ　b. うけて　c. うける　d. うけた

❸ 地震だ。おい、危ないから早く火を(　　　)よ。
a. 消し　b. 消せ　c. 消えろ　d. 消えて

❹ あなたが(　　　)なら私も行きます。
a. 行き　b. 行って　c. 行かない　d. 行く

❺ 絶対にたばこは(　　　)ないつもりです。
a. 吸う　b. 吸え　c. 吸い　d. 吸わ

❻「(　　　)ても買いますか。」「いいえ、高ければ買いません。」
a. 高さ　b. 高く　c. 高い　d. 高くない

❼ このパン、誰も(　　　)なら私が食べてもいいですか。
a. 食べた　b. 食べない　c. 食べれば　d. 食べる

8 頭が痛いから、大きい声を(　　　)ないでくれ。
a. 出さ　b. 出し　c. 出せ　d. 出す

正しいものを選びなさい。

1 今日はくつが全品50(퍼센트)割引です。
a. ポーセント　b. パセント　c. パーセント

2 要らない食器を(프리마켓)で売るつもりです。
a. プリマーケット　b. フーリマケット　c. フリーマーケット

3 明日の(스케줄)はどうなってる？
a. スケージュル　b. スケジュル　c. スケジュール

4 来月までに3キロ(다이어트)しなければなりません。
a. ダーイエット　b. ダイエート　c. ダイエット

次の文を日本語に直しなさい

1 여기에 쓰레기를 버리지 말아 줄래?

2 빨리 짐을 정리해라.

3 위험하기 때문에 만지지 마라.

4 금연은 "담배를 피우지 말라"는 의미입니다.

5 사장님이 "출장 가라"고 합니다.

중급 일본어
Part 2

第四課

会話

中野 ： お昼を食べながら話をしましょうか。

金 ： ええ、そうしましょう。どこがいいですか。

中野 ： この近くに新しいレストランができたんですが。

あ、ありました。

金 ： 人が多いですね。

中野 ： ええ、ここは安いし、メニューも豊富だし、おいしいんですよ。

中野 ： あー、お腹がいっぱいになりましたね。

金 ： はい。でも昼は人が出たり入ったりで、少し落ち着かないですね。

中野 ： そうですね。じゃ今度は夕食を食べに来ましょうか。

金 ： ええ、この店は清潔だし、店員さんも感じがいいし、気に入りました。

また来ましょう。

基本文型

❶ 浴衣を買いたいんですが、どこで売っているんですか。
呉服屋かデパートに行けば売っていますよ。

❷ テレビを見ながら試験勉強ができますか。

❸ 4年生は、卒論を書いたり、就職や進学の準備をしたりで忙しいです。

❹ あの人は頭もいいし、スポーツも万能だし、性格もやさしいです。

解説

1. ~んです

動詞	イ形容詞	ナ形容詞	名詞
行く 行くんです 行かないんです 行ったんです 行かなかったんです	長い 長いんです 長くないんです 長かったんです 長くなかったんです	きれい きれいなんです きれいではないんです きれいだったんです きれいではなかったんです	学生 学生なんです 学生ではないんです 学生だったんです 学生ではなかったんです

주로 회화에서 사용되고 자신의 発言이나 行動·状態에 대해서 理由를 説明한다.
윗사람(目上)에게 많이 사용하면 失礼가되므로 注意한다.

2. 疑問詞 + んですか

단순한 정보를 묻는 문장에 사용되는 경우는 적다.

今何時なんですか (×) → 今何時ですか (○)

의심스러움(不審)·의문(疑問)·놀람(驚き)·관심(関心)이 있을 경우에 사용한다.

えっ、いつ行ったんですか。
本当にあの人は先生なんですか。

3. ~んですが、~

뒤에 依頼·勧誘·許可·質問 등이 온다.
「が」는 表現을 부드럽게 하기 위해서, 그리고 주저하는 表現을 나타낸다.
뒤가 省略되는 경우도 있다.

このひもを切りたいんですが、はさみはありますか。
あの…、トイレに行きたいんですが…

4. ~ながら(~하면서)

同時에 두 개의 動作을 행한다. 앞에는 継続性의 動作性動詞가 온다.

口笛を吹きながら歩きます。
座りながら本を読んで下さい (×) → 座って本を読んで下さい (○)

5. ~たり~たり(~하기도 하고 ~하기도 하다)

反意語のペア、または肯定—否定のペアで使われる。

部屋の電気をつけたり消したりするな。
このごろは暑かったり寒かったりです。
朝食は食べたり食べなかったりです。

6. ~し、~し

「~て、~て」는 단순하게 열거만 하는 것에 비해,
「~し、~し」는 이유를 列挙하여 어떤 結論를 도출한다.
한 번만 사용하는 경우도 있다.

あの人は優しくて、歌もうまくて、頭もいい。
あの人は優しいし、歌もうまいし、頭もいいし、人気がある。

今日は疲れているし、家で休みます。

MEMO

練習

例 明日遊びに行きますか(忙しい)
➡ いいえ、行きません。忙しいんです。

❶ ウィスキーを飲みますか。(嫌い)
➡ いいえ、

❷ 友達も一緒に来ますか。(都合が悪い)
➡ いいえ、

❸ たばこを吸いますか。(禁煙中)
➡ いいえ、

❹ 人前で歌を歌いますか。(音痴)
➡ いいえ、

例 歩きます / たばこを吸わないで下さい。
➡ 歩きながらたばこを吸わないで下さい。

❶ 雑誌を読みます / 友達を待ちます。
➡

❷ 携帯で話します / 運転してはいけません。
➡

❸ レシピを見ます / 料理を作ります。
➡

❹ あの子は泣きます / 走っています。

➡

❺ 音楽をききます / 自転車に乗らないで下さい。

➡

例 博物館を見ます / 工場を見学します。
➡ 博物館を見たり、工場を見学したりします。

❶ 連休は海で泳ぎます / 山に登ります。

➡

❷ 雨が降ります / やみます。

➡

❸ 猫が家の前を行きます / 来ます。

➡

❹ 昼休は友達とおしゃべりします / 予習をします。

➡

❺ あの人は立ちます / 座ります。

➡

例 どうしてこの村が嫌いなんですか。
(ガスもありません / 電気もありません / この村は不便です)
➡ ガスもないし、電気もないし、この村は不便なんです。

❶ どうして新しいかばんがほしいんですか。
(これは重いです / 古いです / 疲れます)
➡

❷ どうして食べないんですか。
(胃も悪いです / 歯も痛いです / 食べられません)
➡

❸ どうして日本へ行くんですか。
(近いです / 言葉もわかります / 友達がいます)
➡

❹ 昨日はどうして休んだんですか。
(頭も痛かったです / 熱もありました)
➡

正しいものを選びなさい。

❶ 予約を(캔슬)したいんですが…。
a. キャンセル　b. ケンセル　c. キャンスル

❷ この高速道路は(터널)が多いですね。
a. トノル　b. トンネル　c. トンノル

❸ あの人は(유머)が通じませんから、つまらないです。
a. ユモア　b. ユーモア　c. ユモーア

❹ 交通(룰)を守ってください。
a. ルウル　b. ルル　c. ルール

次の文を日本語に直しなさい。

❶ A : 어째서 수영을 하지 않습니까?

B : 수영을 못 하는데요.

❷ 가타카나는 쓸 수 없고 한자도 어렵습니다.

❸ A : 다나카 씨에게 메일을 보냈습니까?

B : 아뇨, 어드레스를 모릅니다.

❹ 아름다운 경치를 보면서 산에 오릅니다.

❺ 인터넷으로 일본신문을 읽기도 하고 NHK뉴스를 보면서 공부해 주세요.

心に残る言葉

振り向くな
振り向くな
後には　夢がない

－寺山 修司(劇作家)

人間はしばしば希望にあざむかれるが、
しかし、また、「絶望」という観念にも
同様にあざむかれる事がある

－太宰 治(小說家)

중급 일본어
Part 2

第五課

会 話

先生 ： 来週の日曜日、みんなでプールに行くことになりました。

学生 ： 先生、すみません。良く聞こえるように大きい声で言って下さい。

先生 ： 来週プールに行きますので、水着を忘れないようにして下さい。

9時、集合です。遅れないように。

香 ： 一郎くんは泳げる？

一郎 ： 小学生の時、水泳の授業があったから、その時泳げるようになったんだ。

香 ： そうか、うらやましいな。私はかなづちなんだ。

一郎 ： えー、じゃ、ぼくが教えてあげるよ。

すぐ泳げるようになるよ。

香 ： わあ、ありがとう。よろしくね。

基本文型

❶ 忙しくてクラス会に出席できませんでした。
❷ 地震で家が壊れました。
❸ よくわかるように、大きく書きましょう。
❹ 日本語でメールが打てるようになりました。

解説

1. ～ので

友達が遊びに来たから、勉強できませんでした。
(原因·理由를 주관적으로(主観的に) 말한다.)

友達が遊びに来たので、勉強できませんでした。
(자연스럽게 되어 가는 因果関係를 말하는 것이 많다. 「~から」보다 부드럽고 정중한 表現)

뒤에 命令·禁止의 表現은 오지 않는다.

午後から雨が降るので傘を持って行け (×)
午後から雨が降るから傘を持って行け (○)

2. ～て(で)

形容詞 + て(で), 動詞 + なくて(原因·理由)

辛くてあまり食べられませんでした。
この頃、夜寝られなくて困っています。

* 「動詞 + なくて」は(~하지 않아서)
  → 漢字がわからなくて、ひらがなで書きました。
* 「動詞 + ないで」は(~하지 않고, ~하지 말고)
  → 鉛筆で書かないで、ボールペンで書いて下さい。

動詞 + て(で)(뒤에 感情이나 기분(気持ち)을 나타내는 語句나 可能形도 자주 사용한다.)

外に大きい犬がいて出かけられません。
この本を読んで感動しました。

名詞 + で(뒤에 意志表現은 오지 않는다.)

雪で停電になりました。
けがで入院しました。

3. ~ように / ~ないように(~하도록 / ~하지 않도록, ~하지 말도록)

日本人と会話ができるように、毎日練習しています。
忘れないようにメモをします。
カタカナが書けるようにして下さい。
教室では、韓国語を使わないようにして下さい。

「~て下さい」와는 다르게, 의뢰(依頼)·간청(부탁)표현은 할 수 없다.

私に勉強を教えるようにして下さい (×)
私に勉強を教えて下さい (○)

4. 動詞 + ようになる(~할 수 있게 된다)

大きくなります(イ形容詞)
静かになります(ナ形容詞)
医者になります(名詞)

練習すれば漢字が書けるようになります。

A :「日本の新聞が読めるようになりましたか」
B :「はい、読めるようになりました」
C :「いいえ、まだ読めません」

練習

例　牛乳がありません / 買いに行きます。
➡ 牛乳がないので買いに行きます。

❶ 部屋がきたないです / そうじして下さい。
➡

❷ 彼は就職しました / 学校に来ないと思います。
➡

❸ めがねが似合いません / コンタクトにしようと思います。
➡

❹ 中学生です / 車の免許はとれません。
➡

例　お酒を飲みました / 酔っぱらいました。
➡ お酒を飲んで酔っぱらいました。

❶ 部屋の鍵をなくしました / 困っています。
➡

❷ このテストは難しいです / 全然わかりません。
➡

❸ こわいです / ジェットコースターに乗れません。
➡

4 突然電話が鳴りました / びっくりしました。

➡

例 倒れた(貧血)

➡ 貧血で倒れました。

1 農家に被害が出た(大洪水)

➡

2 飛行機が着陸できない(霧)

➡

3 何も見えない(停電)

➡

4 エレベーターが止まった(地震)

➡

例 よく聞こえます / ボリュームをあげて下さい。

➡ よく聞こえるようにボリュームをあげて下さい。

1 わかります / きれいに書いて下さい。

➡

2 はっきり見えます / めがねをかけます。

➡

3 答えを間違えません / 落ち着いて書いて下さい。

➡

④ 待ち合わせに遅れません / 家を出ます。

➡

正しい方を選びなさい

❶ この本棚の位置を少し低くして、楽に本がとれるように(なろう・しよう)。

❷ KTXができて、ソウルから釜山まで早く行けるように(しました・なりました)。

❸ レジャー施設ができれば、観光客がたくさん来るように(する・なる)だろう。

(　)の中に、当てはまる言葉をa, b, c, dの中から選びなさい。

❶「どうして携帯のメールを(　　　)ないんですか」「使い方がわからないんです」

a. 使う　b. 使った　c. 使わ　d. 使い

❷ あの人は、約束を(　　　)ないし、遅刻もするし、本当に困ります。

a. 守り　b. 守ら　c. 守って　d. 守る

❸ あの子は、かさを(　　　)たり、とじたりしています。

a. ひらい　b. あけ　c. さし　d. しめ

❹ 練習して一輪車に(　　　)ようになりました。

a. 乗る　b. 乗って　c. 乗れる　d. 乗れた

❺ 病気に(　　　)ないように、毎日運動をしています。

a. なり　b. なれ　c. なる　d. なら

❻ 服のサイズが(　　　)て、着られません。

a. 小さい　b. 小さい　c. 小さかっ　d. 小さ

7 友達から誕生日のプレゼントを(　　　)、とても嬉しかった。
a. 送って　b. あげて　c. くれて　d. もらって

次の文を日本語に直しなさい

1 오후에 회의가 있기 때문에 일찍 돌아갈 수 없습니다.

2 사고로 전차가 멈춰 있습니다.

3 어두운 길은 위험하기 때문에 밝은 길을 걷도록 하세요.

4 문제가 어려워서 대답할 수 없었습니다.

5 어째서 지각하지 않도록 주의하지 않았습니까?

중급 일본어
Part 2

第六課

会話

朝井：どうしたんですか。

権：弟に大切な本をなくされました。

朝井：どんな本ですか。

権：韓国語に翻訳されている日本の小説なんです。
幅広い年齢層に読まれていて、人気のある本です。
弟には、この前もめがねを壊されたりノートに落書されたりしました。

朝井：それは大変ですね。

権：ええ。まだ小さいので仕方ないですが、本当に困っているんです。

基本文型

❶ 兄は先生にほめられました。
❷ 友達に貸した本を汚されました。
❸ 昨日、雨に降られて風邪をひきました。
❹ このマンションは10年前に建てられました。

解説

1. 受身形

第Ⅰグループ		第Ⅱグループ	
書きます	書かれます	食べます	食べられます
読みます	読まれます	見ます	見られます
喜びます	喜ばれます	教えます	教えられます
撮ります	撮られます	第Ⅲグループ	
立ちます	立たれます	します	されます
使います	使われます	来ます	来られます
壊します	壊されます		

2. ～に / ～を ＋ 他動詞

母は妹を叱りました。→ 妹は母に叱られました。
彼は彼女に電話番号を聞きました。→ 彼女は彼に電話番号を聞かれました。

3. 自動詞の受身(피해(被害)가 생긴 경우)

夜中に子供が泣きました。→ 夜中に子供に泣かれました。(寝不足でつらいです)
父が(過労で)倒れました。→ 父に倒れられました。(収入がなくなり困っています)

4. 人が主語ではない受身

50年前にこの雑誌を創刊しました。→ この雑誌は50年前に創刊されました。
明治時代にあの絵を描きました。→ あの絵は明治時代に描かれました。

＊以下의 한자어는 모두 자동사이며 "저절로 그렇게 된다"라는 뜻을 이미 포함하고 있기 때문에 수동형으로 만들 수 없다.

発展する	발전하다	発生する	발생하다
成長する	성장하다	感動する	감동하다
緊張する	긴장하다	安定する	안정되다
関連する	관련되다	普及する	보급하다
感染する	감염되다	矛盾する	모순되다
挫折する	좌절하다	関係する	관계하다 등

MEMO

練習

例 先生は私をほめました。
➡ 私は先生にほめられました。

❶ 母は私の日記を読みました。
➡

❷ 先生は私の名前を呼びました。
➡

❸ 彼女は私を振りました。
➡

❹ クラスのみんなは彼を笑いました。
➡

例 友達が先に帰りました。(困りました)
➡ 友達に先に帰られて困りました。

❶ 釣った魚が逃げました。(くやしかったです)
➡

❷ ストーカーがつきまといます。(怖いです)
➡

❸ 突然バイトの学生がやめました。(頭が痛いです)
➡

❹ 新車をレッカー車が持って行きました。(困りました)

➡

例 この新聞 / 日本で一番読みます。

➡ この新聞は日本で一番読まれています。

❶ キムチ / 世界中で食べます。

➡

❷ この論文 / 英語で書きます。

➡

❸ あの建物 / 去年壊しました。

➡

❹ これ / 中国から輸入します。

➡

❺ 東京タワー / 昭和33年に建てました。

➡

同じ意味の文をa, b, c, dの中から一つ選びなさい。

❶ 私はゆうべ、どろぼうにお金をとられましたが、カードはとられませんでした。

a. どろぼうは私のお金をとりました。

b. どろぼうは私のカードをとりました。

c. どろぼうは私のお金とカードをとりました。

d. どろぼうは私にお金をとられました。

② 友達に貸した本を汚されました。

a. 友達は本を返してくれません。

b. 友達は汚い本を返してくれました。

c. 友達に借りた本を汚して返しました。

d. 友達が本を汚くしたので気分が悪いです。

③ 昨日、弟は先生に怒られました。

a. 昨日、先生は弟を叱りました。

b. 昨日、弟は先生を怒りました。

c. 昨日、先生は弟に叱られました。

d. 昨日、先生と弟は怒りました。

次の文を日本語に直しなさい。

① 술은 쌀로 만들어져 있습니다.

② 도라에몬은 전 세계의 아이들에게 사랑받고 있습니다.

③ 소매치기에게 지갑을 도둑맞았습니다.

④ 부모님께 테스트 점수를 보이고 싶지 않습니다.

⑤ 옆 사람에게 발이 밟혀서 화가 났습니다.

⑥ 여동생에게 숙제 리포트를 부탁받아서 밤을 새웠습니다.

心に残る言葉

人と　過去は　変えられないが
自分と　未来は　変えられる

－久保 文雄(元プロ野球選手)

時間を　守れん人間は
何をやっても　ダメだ

－田中 角榮(元首相)

第七課

会 話

太郎 ： 宝くじ買ったんだろう。

花子 ： 当たったらどうするの。

次郎 ： まだ、どうするか決めてないけど、

そうだなあ、海外旅行したり、車を買いたいなあ。

太郎 ： 当選発表はいつだ。

次郎 ： たぶん来月の末頃だろうと思うよ。

太郎 ： 一等は一億円だろう。

当たったら、みんなで温泉に行こうよ。

花子 ： ずうずうしいわねえ。

次郎 ： 当たるかどうかわからないよ。

でも万が一、当たったら行ってもいいよ。

基本文型

❶ 地震はいつ来るかわかりません。
❷ 日本で就職できるかどうかわかりません。
❸ たぶん明日は晴れるだろう。
❹ 彼は来週帰ってくるだろうと思います。

解説

1. 疑問詞 + ~か(~인지) / ~ない(の)か(~않은지)

A : 李さんは、いつ日本に行きますか。
B : さあ、いつ行くかわかりません。
この中で、どれが正しいか選んで下さい。
彼はどうして来ない(の)か理由がわかりません。

2. ~かどうか(~인지 아닌지)

このネクタイが父に似合うかどうか心配です。
あの人が独身かどうか興味があります。

3. ~だろう(~이겠지)

明日は雪が降るでしょう。 → 明日は雪が降るだろう。(推量)
あの人は大学生でしょう？ → あの人は大学生だろう？(確認·同意)

추량(推量)의 意味에서는 「~でしょう」의 普通形.
確認·同意를 구하는 「~だろう」는 イントネーション이 올라간다.
쓸 때는 推量과 혼동(混同)하기 쉬우므로 문말(文末)에 「？」를 붙이는 경우도 있다.

女性はほとんど使わない。

4. ~だろうと思います(~일 거라고 생각합니다)

「~でしょう」보다 "저의 개인적인(個人的な) 意見이지만"이라는 겸손의 뜻이 담겨 있다. 女性も使う。

今日、山田さんは来ないだろうと思います。
彼は将来、大統領になるだろうと思います。

MEMO

練 習

例 いつ / 来ます / わからない。
➡ いつ来るかわかりません。

❶ どこに / あります / 知らない。
➡

❷ 誰が / 先生です / 区別できません。
➡

❸ どちらが / 背が高いです / わからない。
➡

❹ どうして / 嫌いです / 理解できない。
➡

例 今日友達が来ます / わかりません。
➡ 今日友達が来るかどうかわかりません。

❶ この服が体に合います / わかりません。
➡

❷ 友達が元気です / 心配しています。
➡

❸ 彼女はこの意見に賛成です / 聞いて下さい。
➡

❹ 回答が正しいです / 調べています。

➡

例 あしたは晴れますか。

➡ ええ、たぶん晴れるだろうと思います。

❶ 期末試験は難しいですか。

➡ いいえ、

❷ 李さんは結婚していますか。

➡ はい、

❸ 彼は来週の合コンに参加しますか。

➡ ええ、

❹ 金さんは日本製のDVDを持っていますか。

➡ いいえ、

❺ 朴さんの家からバス停まで近いですか。

➡ はい、

正しいものを選びなさい。

❶ コアラは(오스트레일리아)にいる動物です。

a. オストラリア　b. オーストラリア　c. オストレーリア

❷ 妹の身長は1(미터)50センチです。

a. メートル　b. ミトー　c. メトール

❸ 毎日(초콜릿)を食べていたので虫歯になりました。
a. チョコレート　b. チョッコレト　c. チョーコレト

❹ 家の近くに、電気製品の(디스카운트)ショップができました。
a. ディスガウント　b. ティスカウント　c. ディスカウント

次の文を日本語に直しなさい。

❶ 동창회에 몇 사람이 올 것인지 알 수 없습니다.

❷ 山田선생님은 여행에 가지 않을 거라고 생각합니다.

❸ 어머니는 지금 커피를 마시면서 잡지를 읽고 있습니다.

❹ "네 여동생은 초등학생이지?" "응, 6학년이야"

❺ 공항까지 어떻게 갈지 길을 가르쳐 주세요.

❻ 다음 달까지 논문을 쓸 수 있을지 어떨지 불안합니다.

第八課

会　話

徐　：あっ、ストーブを消し忘れて来たかもしれない。

野口：下宿に電話してみようか。

徐　：いいよ。部屋にもどってみるよ。

野口：そう。じゃ、ついでにぼくの部屋も消えているか確認して来てくれよ。

徐　：うん。

野口：どうだった。

徐　：消してあったよ。

きっと李さんが消しといてくれたんだろうと思うよ。

野口：よかったね。ぼくの部屋も大丈夫だった？

徐　：うん。でも、窓が開いていたので、閉めてきたよ。

野口：あっ、そうだった？ありがとう。

基本文型

1. 窓が開いています。
2. 窓が閉めてあります。
3. 友達が来るので部屋をそうじしておきます。
4. 財布をなくしてしまいました。
5. 辛いかどうか食べてみて下さい。

解説

1. 主な自動詞・他動詞のペア

自動詞	他動詞	自動詞	他動詞
集まる	集める	起きる	起こす
上がる	上げる	落ちる	落とす
終わる	終える	降りる	降ろす
かかる	かける	帰る	帰す
変わる	変える	壊れる	壊す
消える	消す	倒れる	倒す
閉る	閉める	治る(直る)	治す(直す)
止まる	止める	なくなる	なくす
始まる	始める	汚れる	汚す
開く	開ける	動く	動かす
片付く	片付ける	乾く	乾かす
乗る	乗せる		
入る	入れる	切れる	切る
進む	進める	割れる	割る
並ぶ	並べる		

2. ～ています(動作・作用の結果の状態)
(행위자나 의도를 의식하지 않고, 단순히 눈앞에 있는 상태를 묘사한다.)

(自動詞)窓が開く　→　窓が開いています。(開けたあとの状態)
(他動詞)窓を開ける　→　窓を開けています。(進行または単純に目に見える状態)

教室の冷房がついています。
山田さんは結婚しています。

3. ～てあります(누군가가 意図・目的을 가지고 행한 結果의 状態)
(意志性の他動詞を使う)

(他動詞)窓を開ける　→　窓が開けてある
　　　　　　　　　　　　　↳ (＊助詞に注意)
電気をつける　→　部屋の電気がつけてあります。
料理を並べる　→　テーブルに料理が並べてあります。

4. ～ておきます(準備나 状態의 유지를 나타낸다. 意志動詞が使われる)
(会話では「～とく」を使う)

明日はカラオケ大会がありますから、歌の練習をしておきます。
(しときます)
旅行に行くので、カバンをなくさないように名札つけておきました。
(つけときました)

5. ～てしまいました(동작(動作)・완료(完了)의 意味와 어떤 상황에 대한 당혹・후회를 표현한다. 継続動詞が使われる)(会話では「～ちゃった」も使う)

レポートは昨日書いてしまいましたから、今日は遊べます。
友達とケンカをしてしまいました。(だから、とても悲しいです)
テストで0点をとっちゃった。(どうしよう)
A：どうしたんですか。
B：誰かにパソコンを壊されちゃったんです。

6. ~てみます(~해 봅니다)(意志動詞が使われる)

かわいいくつですね。気に入りました。
でも、サイズが合うかわかりませんから、はいてみます。

A : あそこの美容室はカットが上手ですよ。
B : そうですか。じゃ、今度行ってみますね。

練 習

例 ドアが閉まります / 開けて下さい。
➡ ドアが閉っていますから、開けて下さい。

❶ 扇風機がつきます / 消して下さい。
➡

❷ ボタンがとれます / つけて下さい。
➡

❸ 靴がよごれます / 磨いて下さい。
➡

❹ 500円玉が落ちます / 拾いましょう。
➡

❺ プリンターが壊れます / 修理に出しましょう。
➡

例 床を拭きました。➡ 床が拭いてあります。

❶ 机に本を置きました。
➡

❷ 黒板に地図を書きました。
➡

③ ハンガーに洋服をかけました。

➡

④ 壁にポスターを貼りました。

➡

⑤ 財布にカードを入れました。

➡

例 うるさいです / 窓を閉めました。

➡ うるさいので窓を閉めておきました。

① 今日は彼女の誕生日です / プレゼントを買いました。

➡

② 明日はテストです / 教科書をよく読みます。

➡

③ 来週、面接します / 背広を準備します。

➡

④ これから船に乗ります / 酔い止の薬を飲みました。

➡

⑤ あさっては休講です / 学生にメールで知らせました。

➡

例 明日来ます / 彼に聞きます。

➡ 明日来るかどうか、彼に聞いてみます。

❶ 空席があります / 航空会社にたずねます。

➡

❷ このベットは固いです / さわります。

➡

❸ ロボットが動きます / ためします。

➡

❹ 募集があります / ネットで調べます。

➡

(　　　)の中に当てはまる言葉をa, b, c, dの中から選びなさい。

❶ まだ、何を(　　　)か決めていません。

a. 買い　b. 買う　c. 買って　d. 買った

❷ 明日の会議は早く(　　　)だろうと思います。

a. 終り　b. 終われ　c. 終わる　d. 終わった

❸ もう、荷物が(　　　)かどうか確認して下さい。

a. 着く　b. 着いて　c. 着けた　d. 着いた

❹ ゴミ箱に写真が捨てて(　　　)。誰が捨てたんでしょうね。

a. あります　b. みます　c. います　d. おきます

❺ 来週旅行に行くので、ホテルを予約して(　　　)。

a. ありました　b. いました　c. おきました　d. みました

❻ 試合に負けて(　　　)ました。とても残念です。

a. おき　b. しまい　c. あり　d. いき

次の文を日本語に直しなさい

❶ 불(電気)이 켜져 있는 걸 보니 그는 아마 방에 있을 것이다.

❷ 정말로 여기에 지갑이 놓여 있었습니까?

❸ 오키나와가 어떤 곳인지 가 보고 싶습니다.

❹ 미리 준비를 해 두면 편합니다.

❺ 뜨거운 물이 끓고 있군요. 커피를 마십시다.

❻ 그가 노래를 잘하는지 어떤지 한번 들어보고 싶습니다.

心に残る言葉

チャレンジして　失敗を恐れるよりも

何もしないことを　恐れろ

－本田 宗一郎(ホンダ創業者)

人を動かすことのできる人は、

他人の気持になれる人である。

そのかわり、他人の気持になれる人というのは、

自分が悩む。

自分が悩んだことのない人は、

まず、人を動かすことはできない。

－本田 宗一郎

第九課

会話

安：何してるの。

宋：日本の大学に出す書類をチェックしてるんだ。

安：けっこうあるね。全部そろえるのは大変だな。

宋：うん。この願書、書くのに３日もかかったよ。

安：来年日本に行くのは、君と崔さんだろう？

宋：あれ、白君も願書を持っているのを見たよ。

安：そうか…。ぼくも行きたいな。

でも、日本で勉強しながら生活するのは、厳しいだろうね。

宋：日本は物価が高いからね。

でも、奨学金制度が充実してるから大丈夫だと思うよ。

安：ふーん。ぼくも真剣に考えてみよう。

基本文型

❶ 日本語を覚えるのは難しいです。
❷ いつも一番先に来るのは李さんです。
❸ 子供が走っていくのが見えました。
❹ この本を読むのに一ヶ月もかかりました。

解説

1. ～のは / ～のが ＋ 形容詞

「こと」와 같이 文을 名詞化한다. 会話では「の」を使うことが多い。

みんなでおしゃべりすることは楽しいです。
(추상적(抽象的)·일반적(一般的) 事実를 나타내는 경우가 많다.)

みんなでおしゃべりするのは楽しいです。
(구체적인(具体的な) 사항·사례(事例)를 나타내는 경우가 많다.)

映画を見ることが好きです。→ 映画をみるのが好きです。
(「~のが」好き·嫌い·上手·へた·苦手·得意)

2. ～のは ＋《人·場所·物·時》です

人·場所·物·時·理由 등을 나타내는 말 대신에 사용한다.
「こと」와는 바꿀 수 없다.

加藤さんは白い服を着ています。→ 白い服を着ている人は加藤さんです。
└ 白い服を着ているのは加藤さんです。

私が去年住んでいたのは学生寮でした。
君がほしいのはバイクだろう？

3. ～のを / ～のが

「こと」와 바꿀 수 없다. 다만 「情報を聞く」의 意味の場合은 바꿀 수 있다.

外で小鳥が鳴いています。
→ 小鳥が鳴いていることが聞こえます(×)
→ 小鳥が鳴いているのが聞こえます (○)

뒤에 시각(視覚)·청각(聴覚)을 나타내는 지각동사(知覚動詞)나 「待つ」「手伝う」 등의 動詞도 온다.

バスに乗っている李さんを見ました。
→ 李さんがバスに乗っていることを見ました(×)
→ 李さんがバスに乗っているのを見ました (○)

部屋で友達がくるのを待ちます。
昨日、先生の荷物を運ぶのを手伝いました。

4. ～のに

「～の時」「～の場合」の意味도 포함.
뒤에 「使う·役に立つ·要る」などの動詞や「便利だ·必要だ·いい」などの形容詞がよく使われる。

クレジットカードは買い物をするのに便利です。
キッチンばさみは肉や野菜を切るのに役に立ちます。
バイクは渋滞の道路を走るのにいいです。

練習

例 夜遅く食べます / 体に悪いです。
➡ 夜遅く食べるのは体に悪いです。

❶ 両親は旅行します / 好きです。
➡

❷ 私は絵を描きます / へたです。
➡

❸ 恋人がいません / さびしいです。
➡

❹ 友達と酒を飲みます / 楽しいです。
➡

❺ 彼はパソコンを直します / 得意です。
➡

例 携帯を 2 台持っています / 誰ですか。
➡ 携帯を 2 台持っているのは誰ですか。

❶ 髪をショートカットにしています / 朴さんでしょう？
➡

❷ 昨日行きました / 近くの寺です。
➡

③ 待ち合わせます / 図書館の前にしましょう。

➡

④ 彼女が休みました / 先週の火曜日です。

➡

⑤ 知りたいです / 彼女のメルアドだろう？

➡

例 犬がほえます / 聞きました。
➡ 犬がほえるのを聞きました。

① 母が買い物をしています / 見ました。

➡

② 遠くで雷が鳴っています / 聞こえますか。

➡

③ 兄の財布の中に写真が入っています / 見えました。

➡

④ あの人たちが踊ります / 見たことがありますか。

➡

⑤ 先生が口笛を吹きます / 聞きました。

➡

例 電卓 / 計算します / 便利だ。
➡ 電卓は計算するのに便利です。

❶ 地図 / 知らない所を歩きます / 役に立つ。

➡

❷ ノートブック / 持ち運びます / 便利だ。

➡

❸ あさっての夜 / みんなが集まります / 都合がいい。

➡

❹ 辞書 / 単語を調べます / 必要だ。

➡

❺ エコバッグ / 買い物をします / 必ず要る。

➡

正しいものを選びなさい。

❶ 兄は今、(뉴욕)に住んでいます。

a. ニュヨーク　b. ニュウヨーク　c. ニューヨーク

❷ 私は(피겨)スケートの選手になりたいです。

a. フィギュア　b. ピィギュア　c. ピギュア

❸ 夏は(아이스크림)が食べたくなります。

a. アイスクリム　b. アイスクリーム　c. アーイスクリム

❹ 韓国でも日本の(애니메이션)が見られますか。

a. アニメーション　b. アニメイション　c. アニメーイション

次の文を日本語に直しなさい。

❶ 해외에 갈 때 가이드북이 있으면 편리합니다.

❷ 어제 저녁, 언니가 모르는 사람과 이야기하고 있는 것을 봤습니다.

❸ 친구가 선택한 장미는 빨간색이고 내가 선택한 것은 핑크입니다.

❹ 제가 자는 것은 언제나 12시 아니면 1시쯤입니다.

❺ 그는 만화를 그리는 것이 특기여서 늘 노트에 그리고 있습니다.

중급 일본어
Part 2

第十課

会話

社員A ： 課長、ゆうべ酔って怪我をしたらしいですよ。

社員B ： えっ、どこで。

社員A ： 駅の階段で、すべって転んだそうです。
酔っぱらっていたし、雨も降っていたし、すべりやすかったんですね。

社員B ： 危ないなあ。誰に聞いたんだ。

社員A ： 奥さんから電話がありました。何日か休むそうです。

社員B ： そんなにひどい怪我なのか。

社員A ： いえ、そんなにひどくないらしいですが、
奥さん、かなり心配しているようでした。

社員B ： そうだろうな。

基本文型

❶ 天気予報によると、午後から曇るそうです。
❷ あの人は道に迷っているようです。
❸ 雨が降りそうです。傘を持って行きましょう。
❹ このペンは使いにくいですが、そのペンは使いやすいです。

解説

1. ~そうだ(伝聞)(~라고 한다)

얻은 情報를 그대로 전하는 表現.

新聞によると、今朝犯人が捕まったそうです。
山田さんの話によると、田中さんの部屋はとても汚いそうです。
加藤さんのお父さんは、パイロットだそうです。

2. ~ようだ(~(할) 것 같다)

화자가 오감(五感)으로 얻은 감촉(感触)이나 정보를 판단자료(判断材料)로 해서 推量한다. 또 推量 이외에 완곡용법(婉曲用法)도 있다.

地面が濡れていますね。ゆうべ雨が降ったようです。
一度行ったことがあります。この写真の山は富士山のようです。
鳴く声が聞こえます。ドアの外に猫がいるようです。

*「~ようだ」の会話表現として「~みたいだ」がある。

雪が降ったようだ → 雪が降ったみたいだ

彼は忙しいようだ　→　彼は忙しいみたいだ
外は静かなようだ　→　外は静かみたいだ
学生のようだ　　　→　学生みたいだ　　（ナ形容詞と名詞の接続に注意）

3. ~らしい(~것 같다)

一般的 推量、전문(伝聞)에 의한 推量.
주관적(主観的)이지 않고 객관적(客観的)으로 말하려는 表現.

みんながうわさをしていました。どうも彼女は恋人ができたらしいです。
誰かが話しているのを聞きました。先生はお酒が飲めないらしいです。

4. ~そうだ(様態)(動詞 + ~할 것 같다)(形容詞 + ~해 보인다)

他人の感情·感覚を表現するときによく使われる。
외견 그 자체를 나타내는 形容詞, 「かわいい」「きれい」「黒い」などには使えない。
名詞와 함께 사용할 수 없다.

雨が降るそうです(伝聞)
雨が降りそうです(様態)

あの人はいつも笑っていてやさしそうです。
今にも動き出しそうな人形ですね。
あの子は楽しそうではありません。(楽しくなさそうです)

5. ~やすい / ~にくい(~하기 쉽다 / ~하기 어렵다)

このスーパーは広くて買いやすいです。
清潔で使いやすいキッチンですね。

靴が小さくて歩きにくいです。
ここは不便で住みにくいでしょう。

練習

例　明日は漢字の試験があります。
➡ 明日は漢字の試験があるそうです。

❶ 彼はオリンピックの選手です。
➡

❷ 韓さんはさしみが嫌いです。
➡

❸ 河さんは毎日NHKを見ます。
➡

❹ 先生は10年前に結婚しました。
➡

例　顔が真っ赤ですね(熱があります)
➡ 熱があるようです。

❶ 電気がついています(彼は部屋にいます)
➡

❷ ふたりは口をききませんね(けんかしました)
➡

❸ お客さんが多いですね(この店はおいしいです)
➡

❹ 変な臭いがします(これは腐っています)

➡

例 申さんは軍隊にいきました。

➡ 申さんは軍隊に行ったらしいです。

❶ 弟は成績が悪かったです。

➡

❷ 渡辺さんは面接があります。

➡

❸ 辺さんは気分がいいです。

➡

❹ 彼女は花粉症です。

➡

例 今度のドラマは面白いですか。

➡ はい、面白そうです。

➡ いいえ、面白くなさそうです。

❶ 彼は忙しいですか。

➡ はい、

➡ いいえ、

② この本は役に立ちますか。

➡ はい、

➡ いいえ、

③ この問題は簡単ですか。

➡ はい、

➡ いいえ、

例 この本 / 読む
➡ この本は読みやすいです。/ この本は読みにくいです。

① この携帯 / 使う

➡

② この植物 / 枯れる

➡

③ 学校の寮 / 住む

➡

同じ意味の文を a, b, c, d の中から一つ選びなさい。

① あの人は大学院生らしいです。

a. あの人は大学院生に見えません。

b. あの人は大学院生でした。

c. あの人は大学院生だと聞きました。

d. あの人は大学院生ではないだろう。

❷ あの子は楽しくなさそうです。

a. あの子は楽しくないと言っています。

b. あの子は楽しくないかもしれません。

c. あの子は楽しくないです。

d. あの子は楽しかったと言いました。

❸ ニュースで明日は寒くなると言っていました。

a. 明日は寒くなさそうです。

b. 明日は寒くなるらしいです。

c. 明日は寒くないそうです。

d. 明日は寒くないようです。

❹ 彼は旅行に行くようです。

a. 彼はスーツケースを持っているので、旅行に行くと思います。

b. 彼はお土産を持っていたので、旅行に行って来たと思います。

c. 旅行に行って来たと彼が言っていました。

d. 彼は旅行に行くかどうかわからないと言っていました。

(　　)の中に当てはまる言葉をa, b, c, dの中から選びなさい。

❶ ニュースによると、ゆうべ日本で地震が(　　)そうです。

a. ある　b. あり　c. あった　d. あって

❷ あの二人は顔がそっくりですね。どうやら親子の(　　)。

a. そうです　b. みたいです　c. らしいです　d. ようです

❸ だんだん空が明るくなってきました。午後には(　　)そうですね。

a. はれ　b. はれる　c. はれた　d. はれの

❹ よくわからないけど、今度のテストは(　　)らしいよ。

a. 簡単だ　b. 簡単な　c. 簡単　d. 簡単に

⑤ このズボンは軽くて(　　　)やすいです。
a. 動く　b. 動き　c. 動け　d. 動いて

次の文を(　)の言葉を使って日本語に直しなさい。

① 가방이 없습니다. 金씨는 벌써 돌아간 것 같습니다.(ようだ)

② 뉴스에 의하면 오늘 아침 산불이 났다고 합니다.(そうだ)

③ 이 가위는 녹슬어서 사용하기 어렵습니다.(にくい)

④ 여동생은 어머님에게 칭찬받아서 즐거운 얼굴을 하고 있습니다.(そうだ)

心に残る言葉

人生に大切なことは

五文字で言えば　　上を見るな

七文字で言えば　　身のほどを知れ

－徳川　家康

知るとは　単に知識によって

理解するのではなく

体得して　はじめて

知ったことになる

－松下　幸之助(松下電器〈現パナソニック〉創業者)

중급 일본어
Part 2

第十一課

会話

高原 : 蔡さんおはようございます。早いですね。

蔡 : おはようございます。私も今来たところです。

高原 : 修士論文のテーマは決まりましたか。

蔡 : いえ、今どうしようか考えているところです。

早く決めなければいけないんですが。

高原 : まだ、入学したばかりですから、大丈夫ですよ。

先生にも相談してみた方がいいですよ。

蔡 : そうですね。そうしてみます。

高原 : 今日は一日学校にいらっしゃるはずですから、後で一緒に行きましょう。

蔡 : はい。いつもすみません。

基本文型

❶ たった今、授業が終わったところです。
❷ 知り合ったばかりなので、どういう人かまだわかりません。
❸ 大学生ですから、この漢字が読めるはずです。

解説

1. ~ところです((~한)참)

宿題は？
　これからやるところです(動作を起こす直前)
　今、やっているところです(動作が進行中)
　たった今、終わったところです(動作が完了した直後)

客　：一時間前に出前をたのんだのに、まだ来ないんですが。
店員：あっ、すみません。たった今店をでたところです。
(변명(弁明)이나 거절(断り) 表現에 적합하다.)

2. ~たばかりです

今、帰ったところです(時間的直後)
今、帰ったばかりです(心理的으로 아직 많은 時間이 흐르지 않았다는 느낌)

一時間前に食べたばかりですから、今は何も食べたくありません。
先週引っ越して来たばかりなので、家の近くに何があるかわかりません。

3. ~はずです(確信を持った判断)((~할) 것)

前期もそうでしたから、後期も一時間目の授業は9時から始まるはずです。

彼女はアレルギーがあるから、卵は食べないはずです。(食べるはずがありません)

練習

例 もう、写真は撮りましたか(いいえ、今から)

➡ いいえ、今から撮るところです。

1 もう、明日の準備はしましたか(いいえ、今)

➡

2 もう、薬を飲みましたか(はい、たった今)

➡

3 もう、メールを送りましたか(いいえ、これから)

➡

4 もう、荷物は届きましたか(はい、たった今)

➡

5 もう、新聞を読みましたか(いいえ、今)

➡

例 先月手術しました。

➡ 先月手術したばかりですから、まだ体調がよくありません。

1 半年前結婚しました。

➡

2 先週旅行に行きました。

➡

3 おととい髪を切りました。

➡

4 今年、20歳になりました。

➡

5 きのう禁煙しました。

➡

例

金さんは日本語が話せますか(日本人の友達がいます)

➡ ええ、日本人の友達がいますから、話せるはずです。

1 小野さんは辛いものが食べられますか(キムチを買っていました)

➡

2 楊さんはピアノがひけますか(小学生の時、習ったそうです)

➡

3 明日もあのスーパーは営業しますか(年中無休です)

➡

4 あの寮に男子学生はいますか(女子寮です)

➡

5 夕方のパーティーに彼は来ますか(風邪で寝ています)

➡

次の文を日本語に直しなさい

❶ A : 아직 돌아가지 않았습니까?　B : 지금 돌아갈 참입니다.

❷ 조금 전에 막 일어나서, 아직 세수도 하지 않았습니다.

❸ A : 미안합니다. 기다렸습니까?　B : 아뇨, 방금 왔습니다.

❹ A : 면허는 가지고 있습니까?　B : 지금 교습소에 다니고 있는 중입니다.

❺ 그의 실력이면 금메달을 꼭 딸 수 있을 겁니다.

중급 일본어
Part 2

第十二課

会　話

医者　：　風邪ですね。

家へ帰ってすぐに薬を飲ませて下さい。

母親　：　はい、わかりました。

医者　：　今日は何も食べさせないで、飲み物だけたくさん飲ませて下さい。

それから、お風呂も入らせないようにして下さい。

母親　：　はい、わかりました。

それと、学校は休ませた方がいいでしょうか。

医者　：　そうですね。

他の子供にうつるといけませんから、明日学校は休ませて下さい。

母親　：　はい、そうします。ありがとうございました。

基本文型

❶ 子供に絵を描かせます。
❷ 弟を駐車場で待たせました。
❸ 母に買い物に行かされました。

解説

1. 使役形 / 使役の受身形

第Ⅰグループ		
行きます	行かせます	行かせられます(行かされます)
急ぎます	急がせます	急がせられます(急がされます)
読みます	読ませます	読ませられます(読まされます)
喜びます	喜ばせます	喜ばせられます(喜ばされます)
座ります	座らせます	座らせられます(座らされます)
立ちます	立たせます	立たせられます(立たされます)
言います	言わせます	言わせられます(言わされます)
直します	直させます	直させられます(直されます)
第Ⅱグループ		
食べます	食べさせます	食べさせられます
覚えます	覚えさせます	覚えさせられます
調べます	調べさせます	調べさせられます
片付けます	片付けさせます	片付けさせられます
第Ⅲグループ		
します	させます	させられます
来ます	来させます	来させられます

2. ~を / ~に + 使役形

自動詞를 사용하는 使役文은「~を + 使役」になる。

先生 : 陳さん、ちょっと前に来て下さい。
→ 先生は陳さんを前に来させました。

山田さんは、面白いことを言いました。みんなは笑いました。
→ 山田さんは面白いことを言って、みんなを笑わせました。

*「~を」がつく自動詞の場合は、「~に + 使役」になる。

父は子供に山を歩かせます。 社長は社員に荷物を運ばせます。

*「人に~する」という場合は、自動詞でも「~に + 使役」になることが多い。

子供に答えさせます。 学生に質問させます。 部下に発言させます。

他動詞를 사용하는 使役文은「~に + 使役」になる。

子供はおもちゃを片付けます。
→ お母さんは子供におもちゃを片付けさせます。

学生は本を読みます。
→ 先生は学生に本を読ませます。

*「待つ」「勉強する」는 他動詞라도 例外的으로「~を + 使役」의 용법도 있다.

友達を駅で30分も待たせました。
父は兄を塾で勉強させます。

보통 使役은 윗사람에게는 사용할 수 없지만, 사람의 마음을 움직이는 경우는 윗사람에게도 사용할 수 있다.

病気をして母を心配させました。　　冗談を言って先生を笑わせました。

3. 使役の受身

“강제적으로(強制的に) 받다”라는 의미가 강하다.

子供の頃、母に嫌いな人参を食べさせらせました。
上司に難しい仕事をさせられました。

第Ⅰグループの動詞は「~させられる」が「~される」になる。

先輩に飲めないお酒を飲まされました。
宿題を忘れて廊下に立たされたことがあります。

練習

例　約束を守ります。➡ 約束を守らせます。

1. かばんを持ちます。➡
2. 運転をします。➡
3. ごはんを食べます。➡
4. コートを脱ぎます。➡

例　社員 / 出張 / 行く ➡ 社員を出張に行かせます。

1. 子供 / 公園 / 遊ぶ ➡
2. 弟 / 家 / 帰る ➡
3. 妹 / いす / 座る ➡
4. 両親 / 喜ぶ ➡

例　お母さん / 子供/ピーマン / 食べる
➡ お母さんは子供にピーマンを食べさせました。

1. 先生 / 学生 / 文/作る
➡

❷ 彼女/彼 / 食事代 / 払う

➡

❸ 姉 / 私 / 窓 / 開ける

➡

❹ 私/弟/カーテン/閉める

➡

❺ 母/姉 / ピアノ / 習う

➡

例 先生に英単語を(覚える)

➡ 先生に英単語を覚えさせられました。

❶ 兄に汚い部屋の掃除を(する)

➡

❷ 怖い先輩に引っ越しを(手伝う)

➡

❸ 先生に何度も資料を(運ぶ)

➡

❹ 母に重い荷物を(持つ)

➡

❺ 彼女に高い指輪を(買う)

➡

同じ意味の文をa，b，c，dの中から一つ選びなさい。

❶ 妹が友達に泣かされて家に帰ってきました。
a. 母は驚いて、友達の家へ謝りに行きました。
b. 母は怒って、友達の家へ電話をかけました。
c. 母は喜んで、友達の家へ遊びに行きました。
d. 母は笑って、友達の家へ手紙をかきました。

❷ 私は読書が嫌いですが、先生は本を読みなさいと言いました。
a. 私は先生に嫌いな本を読ませました。
b. 私は先生に嫌いな本を読むなと言われました。
c. 先生は私に嫌いな本を読ませました。
d. 先生は私に嫌いな本を読んでくれました。

❸ 兄は弟にジュースを持って来させました。
a. 兄は弟にジュースを持って来させられました。
b. 弟は兄にジュースを持って来いと言われました。
c. 兄は弟にジュースを持って来ました。
d. 弟は兄にジュースを持って来いと言いました。

質問

❶ あなたは何をしてご両親を喜ばせたいですか。

❷ 何分くらい友達を待たせたことがありますか。

❸ あなたはどのくらい待たされたことがありますか。

❹ 恋人を誰に合わせたいですか。

5 誰かを怒らせたことがありますか。

正しいものを選びなさい。

1 先生にクラス全員の前で作文を(　　)、すごく恥ずかしかったです。
a. 読んで　b. 読ませて　c. 読まされて

2 友達に1時間も(　　)頭に来ました。
a. 待たれて　b. 待たされて　c. 待って

3 先生は学生達にレポートの提出を(　　)ませんでした。
a. し　b. され　c. させ

4 母は妹に留守番を(　　)外出しました。
a. させて　b. して　c. させられて

5 子供の頃は、毎朝父のくつを(　　)ちょっといやでした。
a. 磨かされて　b. 磨かれて　c. 磨かせて

次の文を日本語に直しなさい

1 아버지께서 저를 유학보내 주셨습니다.

2 여동생이 감기에 걸렸기 때문에 약을 먹게 했습니다.

3 이번 달부터 아이에게 영어를 배우게 하고 있습니다.

4 동생에게 학교까지 우산을 가지고 오게 했습니다.

5 열이 있기 때문에 아이에게 학교를 쉬게 했습니다.

Part 3

読解

韓国人が使う不自然な日本語

日本人の国家観

日本人の家族観

江戸っ子の知恵「江戸しぐさ」

Eメール(年賀状/暑中見舞い)

読解

以下は、過去に実際に行われた、ある大学の外国人留学生大学入試試験の問題をもとに、作成しました。みなさんも実力を試してみましょう。

問題1　次の文を読んで、あとの問に答えなさい。

国際家族年が設けられ、家族のふれあいがうたわれるのは、それが年ごとに少なくなりつつあるからだろう。日本では元来、頑固オヤジが家族を守り、暖かいおふくろの味があった。家は少しぐらい貧しくても家族の心は豊かだった。

ところが、核家族の進行とともに、日本人の家庭からそうした大切なものが徐々に失われていった。経済的に豊かになったが、家族関係は貧しくなった。 人権や自由も大事だが、その前に家族というものを考え直す時なのではと思う。

（「読売新聞」より）

問1　頑固オヤジとは、ここではどんな父親のことですか。
下の四つの中から適当な答えを一つ選びなさい。

1. 家族第一主義の父親
2. 自分の意見をしっかり持っている父親
3. 家族の人権や自由を大切に考えない父親
4. 人の意見をまったく聞かない父親

問2　下線の漢字の正しい読み方を選びなさい。

		a.	b.	c.	d.
1	元来	a. げんらい	b. もとらい	c. がんらい	d. もとき
2	頑固	a. がんこ	b. がんこう	c. かたこ	d. かんこ
3	核家族	a. かくかぞく	b. かっかぞく	c. がっかぞく	d. がくかぞく
4	徐々	a. しょしょ	b. じょじょう	c. じょうじょ	d. じょじょ

問題II　次の文を読んで、あとの問に答えなさい。

本紙によると、JR各社は列車のトイレの洋式化を進めているそうだ。なぜそんな必要があるのか。私自身、洋式と和式の両方があれば、必ず和式を使う。他人が座った便座に座りたくないからだ。同じ理由からかどうかは知らないが、新幹線にしろ、デパートにしろ、トイレの洋式と和式ではいつも和式が繁盛している。

家庭用トイレで洋式が一般的なのは、家族同士なら同じ便器に座っても平気だからではないのか。JRは「肌が便器に触れる」という問題は紙シートを敷くことで解決したと、説明しているというが、これでは大量の紙が消費される。

確かに身体が不自由な方で洋式の方が楽という方はいるだろうから、洋式も必要ではある。ただ、紙の大量消費防止=資源節約のため、外国人も含め、和式で支障のない人には和式を使ってもらえばよい。

外国人が来るから洋式、困った問題は物を消費することで解決、という発想より、極力無駄をせず、を第一に検討するのが現代の課題ではなかろうか。

（「朝日新聞」より）

問1　本文と異なるものを下の四つの中から一つ選びなさい。

1. 列車のトイレ洋式化は無駄が多く必要性もなく疑問である。
2. デパートにも新幹線にも洋式トイレがあるが、和式を利用する人の方が多い。
3. 身体の不自由な人のために列車のトイレの洋式化が進められている。
4. 外国人が来るから洋式という安易な発想は改めるべきである。

問2　下線の漢字の正しい読み方を選びなさい。

1	便座	a.べんじゃ	b. びんざ	c. びょんさ	d. べんざ
2	繁盛	a.はんじょ	b. はんじょう	c. はんしょ	d. はんしょう
3	敷く	a.しく	b. すく	c. ひく	d. ふく
4	極力	a.きょうりょく	b. きょうくりき	c. きょくりき	d. きょくりょく

問題III　次の文を読んで、それぞれの問に答えなさい。

ふと、人間が動物だったころの遠い記憶のようなものを感じる瞬間がある。

40数年間、のほほんと右利きでやってきたのだが、ときたま左手でゆっくりと杯を口に運ぶようなときに、おそらくは左右の隔てなく手が使えた原始のころの人類を想像する。

最近駅で、右手がふさがっていたために左手で自動改札機に定期券を入れようとして、それを感じた。体の直前を左手が横切るので、進行方向の足元を自ら覆う形になる。不安定感が、あの記憶を呼び起こした。

左利きの人は、毎日こんな思いをしているのかと、自動改札機のいくつかのメーカーに聞いてみたが、体の左側から入れるような改札機を作っているところはなかった。設置する側のJR東日本によると「左入れ設置の要望は、年に2、3件あるかどうか」とのことだ。

営団地下鉄では「左入れを導入するのは難しいが、右入れであっても、投入口を左の方に傾けるような新しいやり方について、機械の更新のときなどに検討してみたい」という。

大学の共同利用機関である「学術情報センター」の山田副所長は左利きだ。

山田さんが調べた文献などによると、左利きの人の割合は、時代や地域によって若干異なる。現在では、10%をはさんで、アメリカではやや高く、日本ではやや低いぐらいではないかという。計算の上では、日本全国で1000万人近くにもなる。

山田さんは右手で定期券を入れようとしてうまく入らず、もたもたしてしまい、後から「チッチ」と舌打されることがよくあるという。

駅で「左側にも投入口をつけたら」と言ったら、「そんなに違わないでしょう」と、そっけなかった。違わないのなら全部左側にしてくれ、と言いたくなったそうだ。

（「朝日新聞」より）

問1　「人間が動物だったころ」の記述として、本文の内容と同じものを一つ選びなさい。

❶ 人間は、手が自由に使えなかった。

❷ 人間は、右手も左手も自由に使えた。

③ 人間は、右手は左手よりも自由に使えた。

④ 人間は、左手は右手よりも自由に使えた。

問2 駅の自動改札機には、なぜ左入れの機械がないのか。適当なものを一つ選びなさい。

① 自動改札機のメーカーは、左入れの機械を開発する技術がないから。

② 自動改札機を設置する側は、左入れの機械を作る必要性を感じていないから。

③ 自動改札機を設置する側は、右入れの機械でも投入口を左の方に傾けるようにすればいいと考えているから。

④ 日本では右利きの人が圧倒的に多数であり、少数の左利きの人たちは右利きに合わせるべきであると考えているから。

問3 山田さんは駅の自動改札機についてどう思っているか。適当なものを一つ選びなさい。

① 左利きの人のために、投入口を左の方に傾けてほしいと思っている。

② 左利きの人のために、左側にも投入口をつけてほしいと思っている。

③ 投入口が右側でも左側でも、そんなに違わないので、全部左側にしてほしいと思っている。

④ 右手でも定期券がうまく入れられるようにしたいと思っている。

問4 筆者がこの文章を書いた動機について、最も適当なものを一つ選びなさい。

① 筆者は、もともと人間が動物だったころの遠い記憶を感じる能力を持っていたから。

② 筆者は、ときたま左手で杯を口に運んでいる時に、飲みにくいと感じたから。

③ 筆者は、駅の改札口で左手で自動改札機に定期券を入れようとした時に、不安定な感じがしたから。

④ 筆者は、駅で「左側にも投入口をつけたら」と言ったら、駅員に「そんなに違わないでしょう」と、そっけなく言われたから。

問題Ⅳ　次の文をよく読んで下さい。

日本人に人気のあるスポーツにプロ野球がある。そこでは多くの外国人選手がプレイしている。彼らは選手としては優秀だが、様々な問題も起こしている。例えば、彼らは日本人と違って、必要以上の練習を嫌う。日本人選手が監督の命令を絶対のものとして受け入れるのに対して、外国人選手は、不当な命令には抗議するのが当然と考えている。ここから対立や誤解が生まれる。そこには、野球というスポーツそのものに対する考え方の違いもある。だが、それ以上に、組織と個人の関係や、職業に対する考え方の違いが対立の原因になっていることも多い。それは文化摩擦といってよい。

かつて、あるチームの中心選手だったアメリカ人選手は、息子の手術のために、突然、日本を離れてしまった。別の選手は、息子の高校の卒業式のために試合を休んで、アメリカに帰っている。ふたりの行為は、日本人にとっては「事件」だが、本人たちには、「ベースボール」はいつでもプレイできる「ゲーム」であるから、それよりも愛する家族を選ぶことは当然と思われた。このような時、日本人はどうだろうか。ある人気チームの監督は、試合のため、自分の父親が亡くなる時に会えなかったし、葬式にも出席しなかった。彼は、家族よりも「仕事」を選んだのである。この監督の態度を、多くの日本人は、特に賞賛することもなく、当たり前のことと見ている。

以上は、文化の違いから生じたできごとですが、あなたはどう思いますか。

韓国人が使う不自然な日本語

次の文の下線部分は韓国人がよく使う不自然な日本語です。自然な日本語に直しなさい。

1. 저 고등학교는 우수한 학생이 많다.
あの高等学校は優秀な学生が多い。
➡

2. 빨래는 뜨거운 물로 해야 더러운 것이 빠집니다.
洗濯は熱い水でした方が汚れが落ちます。
➡

3. 검은 치마를 입은 사람은 누구입니까?
黒いスカートを着ている人は誰ですか。
➡

4. "山田씨, 이 책을 빌려 주시겠습니까?" "이것입니까? 좋습니다, 가져가세요."
「山田さん、この本を借りていただけますか」「これですか。いいですよ、どうぞ」
➡

5. 석사학위를 받을 때까지 공부를 계속합니다.
碩士の学位を受けるまで勉強を続けます。
➡

6. 어젯밤은 친구를 만나서 택시를 타고 집에 갔습니다.
ゆうべは友達を会って、タクシーを乗って家に帰りました。
➡

7. 田中씨의 주소를 압니까?
田中さんの住所をわかりますか。
➡

⑧ 저는 키가 작아서 항상 제일 앞에 앉았습니다.
私は背が小さいので、いつも一番前に座りました。

➡

⑨ 어떤 스타일의 남성(여성)을 좋아합니까?
どんなスタイルの男性(女性)を好きですか。

➡

⑩ 일본어는 처음에는 아주 쉽게 느껴지지만 하면 할수록 어렵습니다.
日本語は、初めにはとてもやすく感じましたが、すればするほど難しいです。

➡

⑪ 요즘 날씨가 덥기도 하고 춥기도 해서 감기에 걸린 사람이 많습니다.
このごろ天気が暑かったり寒かったりで、風邪をひいている人が多いです。

➡

⑫ 도서관의 책을 잃어버렸습니다. 어떻게 하는 것이 좋겠습니까?
図書館の本をなくしてしまいました。どうするのがいいでしょう。

➡

⑬ 저의 가족은 모두 안경을 씁니다.
私の家族は全部めがねをかけています。

➡

⑭ 山田씨보다 나의 오빠가 나이가 더 많습니다.
山田さんより私の兄の方が、年がもっと多いです。

➡

⑮ 저 사람이 선생님의 약혼자입니까?
あの人が先生の約婚者ですか。

➡

次の下線の部分を自然な日本語に直しなさい。

❶ 며칠 전 이 가게에서 식사를 했습니다.
何日の前、この店で食事をしました。
➡

❷ 저의 여동생은 초등학교 5학년입니다.
私の妹は、初等学校の5学年です。
➡

❸ 오랜만이군요. 그동안 어떻게 지내셨습니까?
久しぶりですね。その間いかがおすごしでしたか。
➡

❹ 저는 이 일을 평생 계속하고 싶습니다.
私はこの仕事を平生続けていきたいです。
➡

❺ 누구에게도 장단점이 있습니다.
誰にでも長短点があります。
➡

❻ 차를 타면 안전벨트를 메어 주세요.
車に乗ったら安全ベルトをしめて下さい。
➡

❼ 그는 40세입니다만, 마마보이입니다.
彼は40歳ですが、ママボーイです。
➡

❽ 감기에 걸린 것 같습니다. 몸이 아파서 학교를 결석했습니다.
風邪をひいたようです。体が痛いので学校を休みます。
➡

⑨ 형은 서울에 있는 대학교에 다니고 있습니다.
兄はソウルの大学校に通っています。
➡

⑩ 李씨, 金씨, 두 사람 모두 학생기숙사에 살고 있습니다.
李さん金さん、二人全部学生寮に住んでいます。
➡

⑪ 학점이 부족해서 졸업할 수 없을지도 모릅니다.
学点が足りないので、卒業できないかもしれません。
➡

⑫ 어제 축구 시합은 무승부로 끝났습니다.
昨日のサッカーの試合は、無勝負に終わった。
➡

⑬ 대금은 신용카드로 지불합니다.
代金は信用カードで払います。
➡

⑭ 나는 1985년생입니다.
私は1985年生です。
➡

⑮ 그녀는 너무 정이 많은 사람입니다.
彼女はとても情が多い人です。
➡

日本人の国家観

2008年1月に読売新聞で行われた調査結果より

▶あなたは日本国民であることを誇りに思いますか。

・非常に誇りに思う　54.8%

・少しは誇りに思う　37.9%

・誇りには思わない　5.6%

▶あなたが日本の国や国民について誇りに思うことはどんなことですか。(複数回答)

・歴史・伝統・文化　71.6%

・国土や自然　43.4%

・社会の安定・治安　28.4%

・国民性　28.0%

・教育・科学・技術水準　19.3%

・経済的繁栄　18.9%

・天皇制　12.0%

・特にない　4.2%

▶あなたは「日本人は他の国の国民に比べて、すぐれた素質を持っている」と思いますか。

・そう思う　69.6%

・そうは思わない　24.6%

▶もし生まれ変わるとしたら、また日本人に生まれ変わりたいと思いますか。

・そう思う　84.7%

・そうは思わない　10.3%

▶あなたは国を愛する気持が強いと思いますか。

・どちらかといえば強い　41.5%

・強い　29.2%

・どちらかといえば弱い　18.7%

・弱い　6.5%

▶現在の日本は、どのような国だと感じていますか。(複数回答)

- 平和国家　59.7%
- 経済大国　35.9%
- 文化国家　27.2%
- 民主的な国　25.2%
- 閉鎖的な国　10.1%
- 福祉国家　9.6%
- 外国から信頼される国　8.4%
- 自主·独立の国　4.2%
- 軍事大国　2.0%

▶仮に、日本が他国に侵略されたとしたら、あなたはどうしますか。

- 武器以外の方法で抵抗する　38.9%
- 安全な場所に逃げる　33.1%
- 武器を持って抵抗する　16.0%
- 降参する　6.6%

▶これからの日本はどのような国であってほしいと思いますか。(複数回答)

- 福祉の充実に力を入れる国　57.3%
- 自然や地球環境を大切にする国　45.6%
- 平和の大切さを世界にアピールする国　41.5%
- 経済的な豊かさを追求する国　38.9%
- 安全保障に力を入れる国　20.0%
- 科学技術の振興に力を入れる国　14.3%
- 国際社会で政治力を発揮する国　13.3%
- 民主政治のモデルとなる国　11.5%
- 文化振興に力を入れる国　10.4%

国家観(こっかかん) 複数(ふくすう) 伝統(でんとう) 安定(あんてい) 繁栄(はんえい) 大国(たいこく) 福祉(ふくし) 他国(たこく)	抵抗(ていこう) 充実(じゅうじつ) 保障(ほしょう) 誇(ほこ)り 回答(かいとう) 文化(ぶんか) 治安(ちあん) 天皇制(てんのうせい)	民主的(みんしゅてき) 自主(じしゅ) 侵略(しんりゃく) 逃(に)げる アピール(appeal) 振興(しんこう) 非常(ひじょう)に 歴史(れきし)	国土(こくど) 水準(すいじゅん) 素質(そしつ) 閉鎖的(へいさてき) 独立(どくりつ) 武器(ぶき) 降参(こうさん) 追求(ついきゅう) 発揮(はっき)

日本人の家族観

2008年4月に読売新聞で行われた調査結果より

▶あなたは、今の自分の家族や家庭に満足していますか。

・非常に満足している　47.3%
・多少満足している　39.9%
・やや不満だ　9.3%
・非常に不満だ　2.1%

▶最近の日本人の家族の「きずな」や「まとまり」は、強くなっていると思いますか。

・どちらかといえば弱くなってきている　48.3%
・弱くなってきている　40.7%
・どちらかといえば強くなってきている　6.8%
・強くなってきている　2.2%

▶家族との関係で、とくに心掛けていることは何ですか。(複数回答)

・できるだけ話をする　67.1%
・一緒に食事をする　60.8%
・誕生日など記念日を一緒に祝う　30.7%
・休日を一緒にすごす　26.8%
・一緒に旅行する　23.0%
・電話やメールでこまめに連絡をとる　15.8%
・同じ趣味をもつ　9.7%
・特にない　9.5%

▶今の日本の家庭の中で、父親はどの程度の存在感があると思いますか。

・ある程度はある　52.2%
・あまりない　29.8%
・大いにある　13.8%
・全くない　2.9%

▶父親にはどのようなことが求められると思いますか。(複数回答)

- 頼もしさ　59.6%
- 経済力　55.6%
- 厳しさ　54.1%
- 優しさ　37.5%
- 威厳　34.7%
- 親しみやすさ　12.5%
- その他　0.5%
- 特にない　0.9%

▶母親にはどのようなことが求められると思いますか。(複数回答)

- 優しさ　91.7%
- 親しみやすさ　54.5%
- 厳しさ　34.7%
- 頼もしさ　27.7%
- 経済力　4.8%
- 威厳　3.9%
- その他　1.8%
- 特にない　0.9%

満足(まんぞく) 存在感(そんざいかん) 求(もと)める 優(やさ)しさ	心掛(こころが)ける 程度(ていど) 頼(たの)もしさ 威厳(いげん)	祝(いわ)う 全(まった)く 厳(きび)しさ

江戸っ子の知恵「江戸しぐさ」

江戸は18世紀には、人口が140万人もいて、当時、世界最大の都市でした。現在の東京より人口密度が高かったそうです。

江戸は元々各地から来た人達の集まりなので、親から子、子から孫、と三代続いて初めて江戸っ子とよばれます。

その江戸っ子は大事な物をみんなの共有物と考え、自分の見識を尊重し、他人を思いやる事を第一義としました。現在失われつつあるその心「江戸しぐさ」には、21世紀を快適に生きるためのヒントが詰まってます。

一、　忙しい忙しいと言うな《忙しいとは心を亡くすこと。自慢できることではない》

二、　そんなに偉い方とは知らずにと言うな《偉くない人には無礼をしてもいいのか》

三、　知ったかぶりをするな、見てわかることを聞くな《知らないなら知らないと言った方がいい》

四、　人の話を真剣に聞くときにメモをとるな《メモをとると話す人の気が散る。聞く人の真剣味が減る》

五、　自分と違う意見をないがしろにするな《意見が違うから参考になる》

六、　はい、はいと二度返事をするな《一度目は了解、二度目は迷惑》

七、　感情を逆なでする言葉を使うな《聞く人の気分を害する》

八、　人の意見を無視する言葉を使うな《話している人は真剣だ》

九、　人に行く先をむやみに聞くな《プライバシーを尊重せよ》

十、　相手を卑下するな、威張るな《そんなに自分がえらいのか》

十一、初対面の人に年齢・職業・地位を聞くな《聞いて付き合い方を変えるのか》

十二、人と会っているときに足組み、腕組みをするな《自分を誇示する印象を与える》

十三、紹介者を飛び越えて親密になるな《紹介していただいたことに感謝せよ》

十四、打てば響く心意気を持て《説明しなければわからない輩とは付き合うな》

十五、何をしてもうわの空の人とは付き合うな《いつでも真剣勝負。些細なことでもないがしろにするな》

十六、口先でなく目で人を判断しろ《表面的な言葉では判断できない、本質を見よ》

十七、三つ心、六つ躾、九つ言葉、十二文、十五理で決まる《子供の教育は、三歳までに素直な心、六歳では振る舞いに節度をもたせ、九歳では人の前でも恥ずかしくない言葉遣いを覚えさせ、十二歳ではきちんとした文章が書けるようにさせ、十五歳では物の道理がわかるようにしなければならない》現在でも通用する教育論である。

十八、突然の訪問・遅刻で人の時間を泥棒するな《時間は大切。自分だけでなく、相手の時間も奪っていることに気づけ》

十九、足を踏まれたら、うっかりしていましたと謝れ《ぼんやりしていて踏まれた側にも責任があるという思いやりの心》

二十、常に人を思いやれ《雨の日の往来は、しずくがかからないように傘を少し倒して気配りしながら歩く。狭い道ですれ違うときは、肩をひいて、胸と胸を合わせるようにして通りすぎる。混み合った乗り物の中では、座ってる人が少しずつ幅を詰めながら空間をつくり、より多くの人が座れるようにする》

参考　越川禮子著「江戸しぐさ」

江戸(えど)っ子(こ)	知恵(ちえ)	世紀(せいき)	当時(とうじ)
人口(じんこう)	密度(みつど)	元々(もともと)	各地(かくち)
共有物(きょうゆうぶつ)	尊重(そんちょう)	第一義(だいいちぎ)	快適(かいてき)
ヒント(hint)	詰(つ)まる		
亡(な)くす	自慢(じまん)	偉(えら)い方(かた)	無礼(ぶれい)
気(き)が散(ち)る	真剣味(しんけんみ)	減(へ)る	参考(さんこう)
了解(りょうかい)	迷惑(めいわく)	逆(さか)なで	害(がい)する
無視(むし)	プライバシー(privacy)	卑下(ひげ)	威張(いば)る
初対面(しょたいめん)	足組(あしく)み	腕組(うでぐ)み	誇示(こじ)
印象(いんしょう)	与(あた)える		
紹介者(しょうかいしゃ)	飛(と)び越(こ)える	親密(しんみつ)	感謝(かんしゃ)
響(ひび)く	心意気(こころいき)	輩(やから)	些細(ささい)
口先(くちさき)	本質(ほんしつ)	躾(しつけ)	文(ぶん)
理(り)	素直(すなお)	振(ふ)る舞(ま)い	節度(せつど)
言葉遣(ことばづか)い	道理(どうり)	通用(つうよう)	泥棒(どろぼう)
踏(ふ)まれる	謝る(あやま)	常(つね)	往来(おうらい)
気配(きくば)り	狭(せま)い	肩(かた)	
混(こ)み合(あ)う	幅(はば)	空間(くうかん)	

Eメール(年賀状 / 暑中見舞い)

季節の挨拶をメールで送ってみましょう。(6ページの日本語入力参照)

日本の季節のあいさつで一般的なものは、年賀状と暑中見舞いです。

年賀状はお正月に、暑中見舞いは夏(7月15日~8月7日ごろまで)に出します。

他には寒中見舞い(1月5日~2月3日ごろ)や残暑見舞い(立秋[입추]以降)、クリスマスにも送ることがあります。

普通は、はがき(年賀用はがき・暑中見舞い用のはがきもあります)で送りますが、最近では親しい人には、はがきではなくメールを送ることも多くなってきています。

みなさんも日本にいる友達や日本人の知り合いにメールを送ってみて下さい。

件名(Subject): 賀春[1] (하춘)

2 明けましておめでとうございます。(새해 복 많이 받으십시오)

3 昨年は、いろいろとお世話になりました。
(작년에는 여러 가지로 보살펴 주셔서 감사합니다)
今年は、日本語能力試験1級を目指して頑張るつもりです。

4 今年もどうぞよろしくお願いします。(올해도 잘 부탁드립니다)

5 2009年　元旦(새 아침)

この他にも、

注1　謹賀新年(근하신년) / 迎春(영춘) / 賀正(하정) / 恭賀新年(공하신년)

注2　＊新年おめでとうございます
＊謹んで新年のごあいさつを申し上げます
＊初春のお喜びをもうしあげます
＊A HAPPY NEW YEAR

注3　＊旧年中はなにかとお世話になりました
＊昨年は大変お世話になりました

《この後に、自分の近況報告などのコメントを書くと良い》

注4　＊本年もよろしくお願いいたします
＊ご家族の皆様のご健康をお祈りしております
＊今年が良い一年でありますように

注5　2009年　1月1日 / 平成21年　元旦

などがあります。

季節(きせつ) 年賀状(ねんがじょう) 寒中(かんちゅう) 以降(いこう)	挨拶(あいさつ) 暑中見舞(しょちゅうみま)い 残暑(ざんしょ) 親(した)しい	一般的(いっぱんてき) 正月(しょうがつ) 立秋(りっしゅう)
賀春(がしゅん) 目指(めざ)す	昨年(さくねん) 頑張(がんば)る	お世話(せわ)
謹賀(きんが) 賀正(がしょう) 初春(しょしゅん) コメント(comment)	新年(しんねん) 恭賀(きょうが) 近況(きんきょう) お祈(いの)り	迎春(げいしゅん) 謹(つつし)んで 報告(ほうこく) 元旦(がんたん)

件名(Subject): 暑中お見舞い申し上げます

暑中お見舞い申し上げます。(서중 문안을 드립니다)

毎日暑い日が続いていますね。お元気ですか。
今は夏休みですが、私は大学で日本語の講義を受けています。
この夏学期が終わったら、友達と海に行く予定です。

松田さんは今何をしていますか。
暑さに負けないように、体に気をつけて過ごして下さい。

2009年　盛夏
洪　吉童より

申(もう)し上(あ)げます 過(す)ごす	夏休(なつやす)み 盛夏(せいか)	学期(がっき)